Daniel Meurois-Givaudan

Die ungeborene Seele

Daniel Meurois-Givaudan

Die ungeborene Seele

Trost und Hoffnung nach Fehlgeburt und Abtreibung

Aus dem Französischen von Anja Schmidtke

SILBERSCHNUR VERLAG

Titel der Originalausgabe: »Le Non désiré«

ISBN 978-3-89845-387-5

1. Auflage 2013

Übersetzung: Anja Schmidtke
Gestaltung: XPresentation, Güllesheim;
unter Verwendung verschiedener Motive von www.fotolia.com
Druck: Finidr, s.r.o. Cesky Tesin

Verlag »Die Silberschnur« GmbH
Steinstraße 1 · D-56593 Güllesheim
www.silberschnur.de · E-Mail: info@silberschnur.de

An alle,
die nicht konnten,
nicht wussten …
und deren Herz
noch nicht wieder heil ist.

Inhalt

Mit Herz

Ja, mit Herz ... Die ersten Worte, die mir als Einleitung für dieses Buch in den Sinn kamen. Wie sonst sollte man auch an ein Thema wie dieses herangehen? Über den Weg derjenigen zu berichten, die durchmachen, was diskret Schwangerschaftsabbruch genannt wird, über die vielen Fragen zu sprechen, die Fehlgeburten und Missbildungen aufwerfen, heißt von vornherein, sich auf einen steinigen Weg zu begeben.

Tatsächlich hatte ich beim Verfassen der fast 200 Seiten von »Die ungeborene Seele« immer das Gefühl, auf einem Seil über einem Abgrund zu balancieren – oder anders und ohne Hintersinn formuliert: »einen Eiertanz zu vollführen«. Wenn man über so intime Themen schreibt wie in diesem Buch, riskiert man, bei vielen Lesern an tiefe Wunden zu rühren, die vielleicht sogar noch ganz frisch sind.

Wenn ich mich trotzdem in diese Richtung gewagt habe, dann deshalb, weil ich davon überzeugt bin, dass man eine Verletzung oder eine Wunde nicht heilen kann, indem man einfach wegschaut. Man lässt sie vernarben, kuriert sie aus, wächst darüber hinaus, wagt es, sich ihr zu stellen, ohne sie zu leugnen, ohne Angst vor ihr zu haben. Aber man heilt sie ganz sicher nicht durch Vergessen, Klagen oder anderer Leute Mitleid, vielmehr durch Verstehen und das Erlernen von Mitgefühl.

Für mein Vorhaben war es unabdingbar, dass mir »von oben« die Hand gereicht wurde. Ich brauchte Wesen, die mir ihre Hilfe anboten, mich als respektvollen Zuschauer akzeptierten, der sie in ihrer Erfahrung der Ablehnung mit all ihren Schwächen und Stärken beobachten durfte. Vor allem aber brauchte ich eine reife Seele mit klarerem Bewusstsein als die meisten, die mich einlud, sie wie einen roten Faden zu fassen und ihr zu folgen.

Diese Seele erschien mir unter dem Namen Florence. Ich folgte ihr zwischen die Welten außerhalb meines Körpers, nach demselben Verfahren wie vor einigen Jahren Rebecca in meinem Buch *Les Neuf Marches*. Unser gemeinsamer Weg verlief nicht immer einfach und dauerte knapp ein halbes Jahr ... Die Zeit, die sie brauchte, um wieder aufzublühen, und auch die Zeit, die ich brauchte, um angemessene Worte für alles zu finden.

Denn wie Sie feststellen werden, habe ich mich beim Niederschreiben wie immer bemüht, so gewissenhaft wie möglich zu sein. Mein Bericht nimmt nicht für sich in Anspruch, ein literarisches Meisterwerk zu sein. Zunächst einmal kommt der aufmerksame Beobachter darin zu Wort. Es sollten möglichst einfache, direkte Worte mitten aus dem Herzen sein.

Allerdings sollte man sich hier ja nicht täuschen: Hinter der scheinbaren Einfachheit dieser Worte verbergen sich oft Wahrheiten, die tiefer sind, als es zunächst den Anschein hat ... Wahrheiten, die eine gewisse innere Gymnastik und einen grenzenlosen Horizont erfordern können, wenn man ihren Sinn wirklich erfassen will.

Um über die Problematik von Abtreibungen, die Bitternis von Fehlgeburten und die oft so schmerzlichen Fragen rund um komplizierte Geburten zu sprechen, sind Authentizität, Genauigkeit,

Sachlichkeit und natürlich eine gute Portion Liebe vonnöten. Genau das sind die Werkzeuge, mit denen ich gearbeitet habe.

Ich finde, dass Genauigkeit und Sachlichkeit keinesfalls unvereinbar mit metaphysischen Konzepten sind. Davon abgesehen war es weder vorstellbar noch wünschenswert, Letztere einfach zu umgehen, auch wenn sie manchmal verunsichern können, da ich die Dinge ja von einer Seite betrachten wollte, die über den konventionellen, medizinischen, sozialen, psychologischen, religiösen oder moralischen Kontext hinausgeht. Ich wollte das Leben so nah an seiner Essenz erhaschen wie möglich, ich wollte Welten zeigen, die man offiziell zwar erbittert leugnet, aber in denen nun einmal die Karten gemischt werden, mit allem Wie und Warum.

Abschließend habe ich ganz besonders Florence zu danken – für die Einfachheit, die Natürlichkeit und den Mut, mit dem sie sich mir offenbart hat. Sie und ihre Stärke sind es, die mich hoffen lassen, dass ich mit *Die ungeborene Seele* etwas Richtungsweisendes, Hilfreiches auf den Weg gebracht habe. Ich weiß in diesem Augenblick, dass ihre Seele meine berührt, damit sich dem Leben neue Fenster des Verstehens, der Achtung und der Liebe öffnen.

Ein Morgen wie jeder andere

Ein Novembermorgen, irgendwo in einer Stadt im Süden Frankreichs. Der Himmel ist blau verwaschen, die kühle Luft scheint die wenigen Passanten auf den Gehwegen zu betäuben. Vorhin noch herrschte leichter Nebel, sodass die Umrisse des Krankenhausparkplatzes kaum zu erkennen waren.

Ich für meinen Teil warte. Na ja, um ehrlich zu sein, nicht wirklich ... Nicht in meinem physischen Körper. Es ist der Körper meines Bewusstseins, meiner Seele, wenn Sie so wollen, der sich dort postiert hat. An einer Straßenecke, nahe bei einem rotweißen Schild mit der Aufschrift »Notaufnahme«.

Aber es ist kein Notfall in Sicht, kein Verletzter, der mir so nahe stünde, dass ich mich von diesem Ort angezogen fühlen würde. Kein Verletzter ... zumindest scheinbar.

Ich weiß nur, dass in wenigen Augenblicken ein Mann und eine Frau die große Glastür des Krankenhauses aufstoßen, die wenigen Zementstufen hinuntergehen und dann in ihr Auto steigen werden, das sie ordentlich neben den anderen Autos geparkt haben. Es wird ein sehr junges Paar sein, etwa Anfang 20.

In Wahrheit weiß ich von beiden so gut wie gar nichts. Ich habe erfahren, dass sie studieren, er etwas Wissenschaftliches und sie Psychologie. Sie kennen sich seit knapp einem Jahr. Außerdem weiß ich, dass sie sich abends auf einer Party bei einer gemeinsamen Freundin kennengelernt haben. Es war am Dreikönigstag. Er fand die Bohne in seinem Kuchenstück, bekam eine goldene Pappkrone aufgesetzt und musste sich seine Königin aussuchen.

So begann es, wie Hunderttausend andere Liebesgeschichten dieser Welt auch. Eine schöne und einfache Geschichte zugleich. Sie verliebten sich sofort. Ein Lächeln, ein Blick ... und ihr beider Leben beschleunigte sich auf 180, in dieselbe Richtung.

Was weiß ich noch? Wirklich nicht viel! Einfach, dass es war wie bei vielen, dass sie Angst vor dem hatten, was mit ihnen passierte, und dass sie stillschweigend vereinbart hatten, es langsam angehen zu lassen. Jeder wollte weiter alleine wohnen, er in seinem Studentenzimmer auf dem Campus, sie in der möblierten Zweizimmerwohnung, die ihre Eltern ihr noch bis nächstes Jahr bezahlen werden.

Aber warum warte ich eigentlich auf sie? Weil die Leidenschaft am Ende über die »Vernunft« gesiegt hat. Émilie - so heißt sie - ist vor zwei Monaten schwanger geworden. Er war nicht ihre erste Liebe, sie war aufgeklärt, aber ...

Sofort der Schock über die Nachricht, dann eine Art Ungläubigkeit, ein Anflug von Panik. War das Ergebnis wirklich sicher? Was sollten sie jetzt tun?

Nach schier endlosem Warten auf einen Arzttermin, nach der Untersuchung und der Bestätigung, dann nach zwei Wochen Zögern war die Entscheidung gefallen. Émilies Freund Pierre war völlig einverstanden. Sie würden *es* nicht behalten.

Ja, deswegen bin ich an diesem Morgen dort, um am Ausgang des Krankenhauses auf sie zu warten. Gewiss nicht, um in ihrem Privatleben herumzustochern, sondern um mit Zartgefühl und Respekt eine Ecke des großen Vorhangs des Lebens zu lüften, dieses großartigen, geheimnisvollen Lebens, das uns in so vielerlei Hinsicht übersteigt.

Während ich warte, überlege ich, wie heikel die mir anvertraute Aufgabe ist, ich denke an den ungewohnten Blick, den ich auf die andere Seite der großen Bühne unserer Existenz wagen werde, dorthin, wo die Rollen verteilt werden.

Endlich ... die große Glastür wird aufgestoßen. Sie reflektiert einen Sonnenstrahl, und Émilie kommt heraus, die Hände in ihrer marineblauen Jacke vergraben, während Pierre, ein wenig abwesend, aus dem Schatten hinter ihr hervortritt.

»Halt mich ...«

»Fühlst du dich schlecht?«

»Nein, aber halt mich ...«

Ihre Stimmen dringen von innen zu mir. Sie geben sich fest und stark, und ich unterbreche meine Gedanken, um mir alles besser einprägen zu können.

Émilie sucht einen Moment lang die Schulter ihres Begleiters, der aber bleibt unbeholfen. Er lässt das Buch fallen, das er in der Hand gehalten hat, geht dann hinter ihr her, während sie einen Schritt zulegt, um schneller zum Auto zu gelangen.

»Du fährst ...«

Pierre weiß nicht, was tun. Er stammelt irgendetwas, was ich nicht verstehe. Mir scheint er wesentlich verletzlicher zu sein als sie - in seinen etwas zu großen Jeans und seinen derben Sportschuhen. Sie sitzt bereits im Auto, während er schon zum zweiten Mal sein Buch vom Boden aufhebt. Schließlich schafft er es, sich ans Steuer zu setzen.

»Du schwörst mir, dass du dich nicht schlecht fühlst?«

»Nein, es geht schon ... Fahr mich einfach zu mir. Hör mal, so schlimm ist das jetzt auch nicht ... Isabelle hat sich das letztes Jahr auch machen lassen. Ihre Cousine auch. Und sie hatte niemanden ... Komm schon, beeil dich ... Sonst kommst du noch zu spät zu deiner Vorlesung.«

Ein kurzer Moment des Schweigens im Innenraum des Wagens. Pierre und Émilie küssen sich kurz und ... der Wagen springt an, der Motor brummt und sie fahren mit knirschenden Reifen davon, um wieder in ihr Leben zurückzukehren. Jetzt sind sie wieder nur noch zu zweit, so viel ist sicher ...

Ich für meinen Teil bleibe regungslos und aufmerksam neben dem Notfallaufnahmeschild zurück. Was tue ich nun weiter? Denn es ist nicht diese vielleicht berührende, aber insgesamt ja doch banale Szene, deretwegen ich mein Bewusstsein an diesen Ort projiziert habe. Ich habe ein Ziel: der *Präsenz* zu begegnen, die vorhin aus Émilies Bauch verstoßen, herausgesaugt wurde.

Wer ist sie und was erlebt sie gerade, diese *Präsenz*? Ich kann nicht glauben, dass sie nichts oder kaum etwas bedeutet, dass sie aus dem Nichts aufgetaucht ist und jetzt einfach wieder in dieses Nichts verschwindet. Wenn sie mir doch sagen ... mir erzählen könnte, was ihr Weg ist. Wenn sie mir doch etwas über den unbekannten Reiseweg jener sagen könnte, vor denen eines Tages aus tausend unterschiedlichen Gründen das Tor zu unserer Welt brutal zugestoßen wird.

Meine Vorgehensweise wird einfach sein, ich werde ganz Herr meiner Seele sein, mein Herz weit öffnen und darauf achten, niemals unaufmerksam zu werden. Ich möchte gewissermaßen mit meinem Lichtkörper eine Dokumentation filmen, und hier ist sie ...

Mein Wesen ist völlig entspannt, da ist nicht einmal der Wille, die Geschehnisse irgendwie zu lenken. Langsam lasse ich mich von der Atmosphäre des Krankenhauses aufnehmen, von allem, was sich in seinem Inneren bewegt und atmet, aber nicht innerhalb seiner Betonmauern, sondern jenseits davon. Hinter den grellen

Operationstrakten, Fluren und Zimmern, in denen man sich so viele Fragen stellt.

Mir scheint, als würde ich mich in die Lüfte erheben ... Allmählich verblasst der große Krankenhausparkplatz mit seinen schlafenden Autos, und bald darauf schwebe ich nur noch in weißem Licht. Es ist wie ein Stoff, ich möchte sogar fast sagen ... wie eine Matrix. Undeutliche, scheue Formen streifen mich, Geflüster ist zu hören. Leiser als ein Wispern ... Ein Hauch aus kaum formulierten Gedanken, fragend und besorgt.

Ich befinde mich an der Grenze zwischen zwei Welten. Da ist unsere, genannt die Welt der Lebenden, und die andere, die Welt hinter dem Spiegel, wo man sich aber genauso lebendig fühlt.

Mir bleibt nur noch zu warten und zu hoffen. Um den Kontakt herzustellen, will ich es mit einem kleinen Trick versuchen: Ich werde mir innerlich die Gesichter von Pierre und Émilie vergegenwärtigen. Wenn es funktioniert, wird ihr Abbild in meinem Geist der Ariadnefaden sein, der mich zu dieser *Präsenz* führen wird ... oder sie zu mir.

»Sind Sie das?«

»Du hast mich erwartet?«

»Man hat mir gesagt, dass Sie existieren, dass Sie mir vielleicht helfen können und ...«

Die Stimme hält inne, unsicher, als ob sie plötzlich zensiert würde. Ich beginne, im Licht zu suchen, tauche noch tiefer in das ein, was ich die Zwischenräume in seiner milchigen Substanz nennen würde. Ich weiß, dass ich in einen geistigen Raum eingetreten bin, den des Wesens, das ich gesucht habe und dessen Zutrauen ich behutsam gewinnen muss.

»Du hast mich also erwartet?«, kann ich nicht umhin zu wiederholen.

Ein langer Moment, dann wird das Lichtmeer um mich herum etwas leichter, weniger dicht.

Etwas kommt langsam daraus hervor und beginnt mein gesamtes Gesichtsfeld einzunehmen. Es ist ein Blick! Ein schöner, großer, blauer Blick ... fast nicht menschlich. Sehr vertraut und absolut fremd zugleich ... Ich beobachte ihn. Er versucht zu lächeln, aber irgendetwas schnürt sich in ihm zusammen. Er kann es nicht.

»Ja, ich brauche Hilfe«, beginnt die Stimme erneut, jetzt sehr klar und deutlich. »Mir muss geholfen werden. *Man* hat mir gesagt, dass ich es Ihnen erzählen muss, aber ... Ich weiß nicht, ob ich das kann. Ich muss schlafen ... Schlafen ... Ich weiß noch nicht einmal, wo ich bin.«

»Ich werde wiederkommen ... Jetzt, da wir uns ein bisschen kennen, wird es einfach sein. Aber noch eines fehlt mir, um dich leichter finden zu können ... dein Vorname.«

»Mein Vorname? Sagen wir ... Sagen wir Florence. Den Namen habe ich immer am liebsten getragen.«

Das ist alles ... Für heute lassen wir es gut sein. Ich werde sie nicht weiter bedrängen. Davon abgesehen erlischt Florences Blick gerade von selbst. Er faltet sich zusammen wie ein Fächer in dieser leidvollen Helligkeit, die uns für wenige Augenblicke zusammengeführt hat.

Florence ... Dir also hat das Leben die schwierige Aufgabe anvertraut, uns den Weg jener zu zeigen, die ich die »Ungewollten« genannt habe ...

1. Kapitel

Zwischen zwei Welten

Zwei ganze Tage habe ich verstreichen lassen. Eine Art Intuition hat mir Geduld diktiert. Ich weiß, dass ich nichts überstürzen darf, denn man platzt nicht »mal einfach so« unvermittelt mitten ins Innerste eines Wesens hinein unter dem Vorwand, einen guten Zweck damit zu verfolgen.

Doch jetzt fühle ich, dass der Moment gekommen ist ... Tiefe Entspannung, Atmen, und ich reise auf einer Lichtschnur zu Florence. Es ist eine Schnur zwischen ihrem und meinem Bewusstsein, eine Art Schleuse, in die ich mich hineinstürze, um den Eindruck der Distanz zwischen uns zu überwinden.

»Florence?«

Ich spreche in ein Meer aus Licht, in den hellen Raum, der mich bereits wieder von allen Seiten umgibt. Doch im selben Augenblick wird mir klar, dass mein Ruf gar nicht nötig war. Er läuft ins Leere. Der blaue Blick der von mir Gesuchten hat sofort mein gesamtes Gesichtsfeld eingenommen.

Am liebsten würde ich einen Schritt zurücktreten, Abstand nehmen, um das ganze Gesicht, vielleicht eine Silhouette erkennen zu können. Aber es ist unmöglich ... Florences Blick ist auf mich geheftet, durchdringt mich fast, und ich fühle mich wie unter einer Lupe.

»Ich bin ... so zerrissen«, murmelt die Stimme daraus hervor, »so ... schmerzerfüllt ... Ich weiß nicht, wie ich es beschreiben soll. Ich weiß noch nicht einmal, ob ich überhaupt noch einen Körper habe.«

»Auf jeden Fall hast du Augen, so viel ist klar!«

Die Bemerkung ist mir so herausgerutscht. Ich habe absichtlich einen amüsierten Tonfall angeschlagen, um zu versuchen, ein paar Wolken zu verscheuchen.

»Hast du die ganze Zeit über geschlafen? Es waren zwei ganze Tage, weißt du das?«

»Zwei Tage? Ich hätte gedacht ... drei oder vier Stunden. Es kommt mir vor, als wäre Ihr erstes Erscheinen kaum in mir erloschen, als hätte *jemand* schon wieder das Licht angeknipst ... Aber bitte ... Gehen Sie nicht! Es ist so schwer, so allein zu sein! Warten Sie zumindest so lange, bis ich mich wieder gesammelt habe ... Es kommt mir vor, als wären meine Arme und Beine komplett verschwunden. Das ist so mühselig!«

»Hast du Schmerzen?«

»Ich weiß nicht, ob ich sagen kann, dass ich leide. Es ist ... wie ein Gefängnis. Mir scheint, als wäre ich in meinem Kopf gefangen, ein bisschen so, als würde alles andere nicht existieren, als wäre ich betäubt.«

»Möchtest du es mir erzählen? Ich glaube, wenn du mich an deiner Geschichte teilhaben lässt, dann könnte dadurch etwas in Gang kommen, die Gitterstäbe könnten sich weiten ...«

»Ja, erzählen ... Genau das hat *man* mir gesagt. Aber ich muss mich wirklich dazu zwingen.«

»›Man‹? Von wem sprichst du, Florence?«

»Von meiner Familie und meinen Freunden, die dort leben, woher ich komme. Jener Ort ist ein bisschen wie die Rückseite der

Erde, wissen Sie, wie das Negativ eines Fotos. Obwohl es eigentlich eher das Gegenteil ist, denn das Negativ ähnelt mehr einem Positiv. Es ist so viel heller, wahrer! Deshalb kam es mir vor, als würde ich sterben, als ich begann es zu verlassen, um auf die Erde hinabzusteigen ...«

Florence hält inne. Ich sehe, dass sie wegen meiner Fragerei den Finger in ihre Wunde gelegt hat und ich sie mit meiner Absicht, sie zum Reden zu bringen, vielleicht zu sehr bedrängt habe. Hat sie meine Gedanken mitbekommen? Wahrscheinlich, denn sie beeilt sich weiterzureden.

»Nein ... Es ist gut und richtig, wenn ich jetzt darüber spreche. Sie haben recht, ich muss aus meinem Gefängnis ausbrechen.«

»Kannst du mir dann mehr über diesen Ort mitteilen, über deine Familie, über die Umstände, weswegen du dich auf den Weg zur Erde gemacht hast? Erinnere dich ...«

»Ach, ich muss mich nicht erinnern! Es ist jetzt, es ist ganz lebendig in mir. Ich habe sie nicht wirklich verlassen. Sie sind da, ich kann sie spüren, nur zwei Schritte entfernt! Nur ich habe mich in eine andere Wirklichkeit eingeschlossen. Ich hatte angefangen, eine Treppe zu Ihrer Welt hinabzusteigen, und jetzt fühle ich mich plötzlich blockiert, irgendwo auf einer Treppenstufe zwischen zwei Welten. Vor allem habe ich den Eindruck, verraten worden zu sein. Das schmerzt mich und gibt mir das Gefühl zu fallen ... nach so viel Leichtigkeit. Ich bin wie abgetrennt. Ja, genau das Wort drückt am besten aus, was ich gerade erlebe. Und außerdem ...«

»Ja?«

»Außerdem ... Seit ich mich zwinge, mit Ihnen zu sprechen, kommt irgendwie eine fürchterliche Wut in mir hoch. Es ist so lange her, dass ich so gefühlt habe! Ich schäme mich so. Ich kann nichts dafür, am liebsten möchte ich deshalb weinen. *Warum* haben sie das getan?«

Florence schreit fast bei diesen Worten. Zumindest fühle ich sie wie einen harten Fausthieb in meinem Inneren. Es folgt ein Moment des Schweigens, und die Schockwelle ihrer Worte verbreitet sich sofort in dem uns umgebenden Lichtraum. Er ist jetzt farbloser. Gleichzeitig zieht ein Schleier vor Florences Blick, und ich fürchte, dass die junge Frau mich nun verlassen wird, um sich in einem inneren Gefängnis einzuschließen, das noch viel undurchdringlicher ist.

»Florence?«

Sie schreckt auf. Ihre Pupillen weiten sich, ein leichtes Funkeln schleicht sich hinein.

»Ja, ich bin wütend!«, beginnt die Stimme in der Mitte meines Kopfes wieder. »Ich habe das Gefühl, dass eine Flut in mir hochsteigt ... Ich weiß nicht, ob sie mir so wehtut oder eher das Zurücklassen der wunderschönen Bühne, die ich mir gebaut hatte. Es zerreißt mich! Es ist ... körperlich, wissen Sie!«

Ich würde Florence gerne an mich drücken, wenn auch nur für eine Sekunde, um sie zu trösten und sie ein bisschen mehr ins Leben zurückzubringen, aber ihre Präsenz bleibt extrem schwach.

Ein Blick ist hier alles und nichts! In dem Raum, in dem wir versuchen, uns einander anzunähern, ist noch nicht einmal eine Hand, die ich ergreifen könnte, um ihr ein wenig Kraft zu spenden und zu vermitteln, was Worte nicht vermögen.

Nur einer Sache bin ich mir sicher: Es ist meine Aufgabe, die Situation schnell voranzubringen, sonst läuft Florences Seele Gefahr, in ihrer Empörung wie in Leim stecken zu bleiben. Als Erstes muss ich es wagen, ihr eine Frage zu stellen, auch wenn sie schmerzhaft ist.

»Wen meintest du, als du sagtest: ›Warum haben sie das getan?‹ Denkst du dabei nur an Émilie und Pierre oder auch an die, die dir vielleicht ›eingeredet‹ haben, noch einmal einen Körper anzunehmen?«

Wieder breitet sich Schweigen zwischen uns aus. Ich habe riskiert, sie zu verletzen, und meine Frage muss tatsächlich als unverschämt, weil verfrüht, empfunden werden. Nicht einmal Florences Blick kann ich jetzt noch erhaschen. Er ist verblasst, hat sich praktisch in dem milchigen Raum aufgelöst, in dem ich mich befinde. Aber *irgendetwas* lässt mich ahnen, dass meine Gesprächspartnerin noch da ist, dass sie sich einfach nur in ihre Gedanken zurückgezogen hat.

Diesmal werde ich sie nicht rufen, um sie zu mir zurückzuholen. Wenn sie sich in ihren inneren Garten flüchtet, dann deshalb, weil es noch zu früh ist ...

»Ja ... Sie haben ja recht ... So sehr, dass ich es Ihnen jetzt erzählen werde ...«

Florences Stimme ist plötzlich wieder in meinen Kopf hineingeplatzt, als ich mich gerade entfernen wollte.

»Ich werde morgen wiederkommen, wenn dir das lieber ist ...«

»Morgen? Das bedeutet nichts für mich. Sie wissen doch, hier gibt es keine Tage oder Nächte, eigentlich keine vergehende Zeit. Ich bin im Raum meines Bewusstseins, ich habe Sie akzeptiert, und wenn sich nichts in diesem Raum rührt, dann erstarrt etwas in mir, und ich habe das Gefühl zu sterben.«

»Wie ein Wassertropfen, der sich nach und nach in Eis verwandelt?«

»Ganz genau. Wenn meine Gedanken um sich selbst kreisen und sich auf mein Erlebnis fixieren, dann versinke ich in meinem Gefängnis aus Wut und Einsamkeit, das kann ich sehen.

Mit mir muss gesprochen werden, und ich muss sprechen! Das versteht ihr auf der Erde nicht, wenn ihr jemanden nicht haben wollt ... Ihr schickt ihn einfach dahin zurück, woher er gekommen ist, ohne ihm das Geringste gesagt oder ihm die geringste Chance gegeben zu haben, euch etwas mitzuteilen, und sei es nur eine Empfindung, ein Wort, ein Name, ein Bild. Ihr fertigt ihn ab mit

›Du bist uns nicht willkommen‹ und vermeidet es tunlichst, dieses ›Du‹ auf jemanden zu beziehen, der vielleicht zuhören könnte. Ja, ihr zwingt euch alle zu glauben, dass dieses ›Du‹ ein ›Niemand‹ ist, wie eine kleine dicke Larve oder ein Trauben- oder Olivenkern. Wenn ihr wenigstens mit uns reden würdet! Wenn ihr wenigstens nicht so tun würdet, als ob ihr glaubtet, dass da nichts ist!«

Bei ihren empörten Worten hat Florence unbeabsichtigt ihren Blick wieder auf mich gerichtet. Ihre Wut hat eine Art Leben darin entfacht, wie ich es bisher noch nicht in ihren Augen gesehen habe. Sie hat es, wenn ich das so sagen darf, mehr inkarniert.

»Ja, ich werde Ihnen sagen, warum ich da bin, warum ich jetzt in dieser Sackgasse bin, in der ich nicht wirklich weiß, wer ich bin, und in der ich zwischen Auflehnung und Bettelei hin- und herschwanke ... Ich fühle mich wie eine Bettlerin um Liebe, wissen Sie! Und vor drei oder vier Monaten Ihrer Zeit war ich noch so voller Hoffnung!«

»Du hattest nicht erwartet, was mit dir geschehen ist?«

»Ich hoffte ... Ich hoffte, mir würde eine Zerreißprobe wie diese erspart bleiben.«

»Du antwortest nicht wirklich auf meine Frage ...«

»Ach, am besten fange ich wohl ganz von vorne an. Dann werden Sie besser verstehen, und es wird mir sicher helfen, aus diesem schlechten Traum wieder zu erwachen ... Eigentlich ist es eine Geschichte, die nicht wirklich einen Anfang hat, weil der Beginn des Weges einer Seele sich ja immer irgendwo in grauer Vorzeit verliert ... Aber ich werde Ihnen erzählen, was mir noch nahe ist und was hilfreich sein könnte ...

Wie alle habe auch ich schon unzählige Male auf der Erde gelebt, und zwischen jedem Leben habe ich mich in diese Welt der Ruhe und des sanften Lichtes begeben, das manche das Devachan oder auch das Fegefeuer nennen.*

Sie wissen ja, an diesem Ort kommen wir wieder zu Kräften, versuchen, die Blessuren unserer Seele zu pflegen, ziehen Bilanz über uns selbst, über das, was wir nicht verstanden haben und was wir noch lernen müssen. Außerdem tragen wir hier alles Nützliche zusammen, um uns auf das nächste Leben vorzubereiten, das sich uns früher oder später eröffnen wird. Ich sagte, das nächste Leben, aber um ehrlich zu sein, wird jene Wirklichkeit oft als der nächste Tod gesehen! Es ist immer dasselbe: Sobald wir uns komplett in die Verwandlung begeben müssen, kommt blitzschnell das Gefühl des Todes über uns, wie ein Schutzreflex. Es ist Verlustangst ...

Meine Seele ist weiblich, wissen Sie. Ihre Polarität ist eingetragen in dem, was ich ihre ... feinstoffliche Biologie nenne, auch wenn sie es aus Gründen des Lernens und folglich der Weiterentwicklung akzeptieren muss, von Zeit zu Zeit auch männliche Körper anzunehmen. Ich beschreibe Ihnen das nur deshalb genauer, weil es für meine Geschichte von Bedeutung ist. Was ich gerade erlebe, hängt sogar direkt mit meiner letzten Existenz als Mann zusammen.«

»Willst du damit sagen, dass du dir bewusst bist, in jenem Leben ›etwas‹ gesät zu haben?«

»Man sät immer irgendetwas, egal, was man tut. Aber warten Sie, so einfach ist das nicht ... Denken Sie nicht immer automatisch, dass ich, wenn ich leide, vorher andere habe leiden lassen. Finden Sie dieses Verständnis von Karma nicht ein bisschen simpel und naiv?«

Am liebsten würde ich lächeln, als ich Florence so reden höre. Sie lebt innerlich auf, und ich nehme sie jetzt lebhafter wahr, fast bereit, ihre undurchlässige Schutzwand zu durchbrechen.

Inzwischen hat sich ihr geweiteter, hoffnungslos wirkender Blick leicht von mir abgewandt. Noch ein wenig, und ich kann

---

* Auch Astralwelt genannt.

Wangenknochen, Schläfen, vielleicht eine Stirn erahnen, Anzeichen dafür, dass Florence sich selbst langsam wieder besser wahrnimmt, sich also um ihre Erinnerungen herum neu definieren wird.

»Ja, ich weiß, was du mit Karma meinst. Du meinst ein kindisches Szenario wie: › Sie war ein Mann, der gemordet hat, deshalb bezahlt sie jetzt ihre Schuld, indem sie sich das Leben verweigern lässt ...‹«

»Genau. Diese viel zu einfache ... reflexartige Denkweise gehört einfach ausgemerzt. Es ist lächerlich, und es lässt keinen Raum und keine Chance für das kleinste bisschen Liebe!«

»Für Mitgefühl?«

»Ja, ich habe nicht gewagt, das Wort auszusprechen. Hören Sie ... Wie ich schon sagte, war ich in meiner letzten Existenz auf Erden ein Mann. Ich musste lernen, bestimmte Aspekte meiner Persönlichkeit zu bejahen, unter anderem meine Entscheidungsfähigkeit. Und im Kontext jener Zeit bot mir ein männlicher Körper dafür einfach mehr Möglichkeiten.

Ich war also ein Mann, oder besser gesagt ein kleiner Junge, der in einer relativ wohlhabenden Familie aufwuchs. Mein Vater leitete eine Meierei. Er brachte mir alles über den Beruf bei, über die verschiedenen Aufgabenbereiche und die Führung der Arbeiter, und ich musste lernen, unter schwierigen Umständen, das heißt in den Jahren direkt vor dem Zweiten Weltkrieg, meinen Platz zu finden.

Dann verliebte ich mich in ein Mädchen aus dem Nachbardorf. Ich verliebte mich sehr. Es war eine beidseitige Leidenschaft, die uns dazu brachte ... die damaligen zulässigen Grenzen zu überschreiten. Wir waren kaum aufgeklärt, Sie können sich also vorstellen, dass meine Liebste schnell schwanger wurde. Ein Drama! Bald würde der Krieg ausbrechen, ich würde auf jeden Fall eingezogen werden, das Kind würde ohne Vater sein und unsere beiden Familien würden in ihren Prinzipien erschüttert.

Ich geriet in Panik und wurde wütend. Ja, ich beschuldigte sogar meine Liebste, nicht zu wissen, ›wie es lief‹, sich nicht auszukennen. Tagelang war ich deswegen in Rage. Ich erinnere mich daran, wir redeten kaum noch miteinander.

Für mich gab es nur eine Lösung: das Kind nicht zu behalten. Ich weiß noch, wie ich sagte: ›Schließlich ist es ja noch gar kein Kind ... Und außerdem wird niemand je etwas davon erfahren!‹ Zuerst weigerte Suzanne sich. Sie wollte nicht. Sie gab vor, dass sie sich schon selbst um das Kind würde kümmern können und dass ihr egal sei, was die Leute sagen würden.

Aber ich wollte nichts von ihren Argumenten hören. Ich hatte einen Knoten im Magen und hatte Angst. Ich spielte also voll meine Rolle als Mann aus, der mit dem Drang auf die Welt gekommen war, sich selbst zu behaupten. Ich war so stur und überzeugend, dass ich meine Verlobte schließlich zu einer der Frauen brachte, die man damals ›Engelmacherinnen‹ nannte.

Es ging schnell, und tatsächlich hat nie jemand etwas davon erfahren. Da war nur immer Suzannes Blick, der voller Traurigkeit war und sicherlich auch voller uneingestandener Schuldgefühle.

Einige Wochen später musste ich wie schon befürchtet meine Uniform anlegen. Ich kam in irgendein Regiment, ich weiß nicht mehr welches, und kehrte niemals zurück. Der Krieg hat mich aufgefressen.

So sieht es aus ... Jetzt wissen Sie, welche Saat ich gesät habe. Sie sehen, dass ich gar nicht töten wollte, ich war kein Mörder ...«

Mitten in diesem Geständnis hat sich allmählich Florence Gesicht vor mir abgezeichnet. Jetzt ist es ganz da, ein perfektes Oval, zugleich schmerzvoll und friedlich, ähnlich wie die faszinierenden Gesichter in italienischen Malereien.

Florence hält die Augen gesenkt und versucht zu lächeln, als wäre sie erleichtert, sich mit dem Erzählten von einer Last befreit zu haben. Um ihr Gesicht herum ist weiterhin nichts als Licht.

Der Rest ihres Körpers ist unsichtbar. In Wahrheit deshalb, weil er für Florence nicht existiert. In ihrem Denken hat er keine Wirklichkeit mehr. Seit ihrer Austreibung aus Émilies Bauch und ihrem Schwingungsumfeld hat sich das geistige Bild, das sie zusammengehalten hat, aufgelöst. Die Vorstellung, die Florence von sich selbst in ihrer körperlichen Wirklichkeit hatte, ist zerfallen.

»Sie sagen ja gar nichts?«

Meine Gesprächspartnerin hat die Lider geöffnet. Ich sehe nicht mehr den geringsten Schatten von Empörung in ihren strahlenden Augen. Doch an ihre Stelle scheint jetzt unergründliche Traurigkeit getreten zu sein.

»Ich bin niemand mehr, verstehen Sie? Ich sagte Ihnen, dass ich Florence heiße, aber in Wirklichkeit bedeutet das nicht sehr viel. Ich war einmal in einem Leben eine Florence. Dieser Vorname umschreibt ein bisschen meine Seelenfarbe, deshalb war er direkt da, als ich Ihnen einen nennen musste. Aber gerade weiß ich innerlich absolut nicht mehr, wer ich bin, wohin ich gehe oder wie ich dorthin gehe. Ich habe meinen Platz ›da oben‹ verlassen und wurde ›da unten‹ als unerwünscht beurteilt. Ich sage es noch einmal, ich fühle mich wie zwischen zwei Türen eingeklemmt. Können Sie mich verstehen? Wird mein Protestschrei wenigstens zu etwas gut sein?«

Mein ganzes Wesen antwortet Florence ... Ich fühle eine Art Wärmewelle von mir ausgehen. Seelen kommunizieren oft auf diese Weise, wenn sie sich außerhalb ihrer körperlichen Hülle befinden. In solchen Momenten sind unsere üblichen, vom Verstand aneinandergereihten Wörter, an die wir uns so gerne klammern, sehr dürftig.

»Weißt du, du darfst nicht zögern, alles herauszulassen, was du erlebt hast. Dann wirst du dich selbst wiederfinden und neu geboren ... und auch dein ›Protestschrei‹, wie du ihn nennst, wird dann Gehör finden.«

Wieder Schweigen ... Ab und zu bemerkte ich flüchtige, leuchtende Bewegungen um uns herum. Ich fühle mich deutlich mitten in einer Blase, in einer komplett virtuellen Kugel, die von Florences Bewusstsein erschaffen und geformt wurde. Es ist eine Welt sich bewegender Energiemassen. Es sind nicht unbedingt Präsenzen, sondern Wellen, Kraftfelder, die aus Florences geistiger Aktivität und ihrer Gefühlswelt entstehen.

»Ja, ich glaube, ich verstehe es jetzt besser«, stammelt schließlich Florences Seele. »Wollen Sie auch wissen, wie ich ... meine Abtreibung erlebt habe? Merkwürdig, weder Sie noch ich haben dieses Wort bis jetzt ausgesprochen. Das ist mir gerade erst aufgefallen. Dabei steht es im Mittelpunkt unserer Begegnungen, und es ist, als ob wir Angst davor hätten. Angst zu verletzen? Aber ich wurde ja schon verletzt, also kann ich genauso gut in mein Leid hineingehen, um es zu entkräften und etwas Nützliches damit anzustellen.

Hören Sie ... Eigentlich könnte man meinen, dass es keine große Sache ist, nach etwas mehr als zwei Monaten den Embryo zu verlassen, der eigentlich unser Körper werden sollte. Genau das sagte ich mir auch, als ich das Risiko einging, Émilie und Pierre als Eltern anzunehmen ... Die beiden dürften sich diese Frage noch nicht einmal wirklich gestellt haben. Nach ihrem Verständnis hatte ihre Liebe einfach nur ein mikroskopisch kleines Etwas ›entzündet‹, das noch nicht einmal aus Fleisch und Blut war. Wie kann man es ihnen auch verübeln? Ich habe sie oft darüber reden hören ...«

»Hast du sie oft besucht, nachdem Émilie erfahren hatte, dass sie schwanger war?«

»Oh, auch schon weit vorher! Von meiner Empfängnis an begann ich, beide aufzusuchen. Zuerst schlüpfte ich einfach in ihre gemeinsame Aura ... um mich an ihren Duft zu gewöhnen. Ja, Auren haben einen Duft, und man muss sich gut damit vertraut machen ... Alle Seelen, die später geboren werden, tun das. Es ist wie ein Mechanismus, den die Natur so eingerichtet hat. Und es ist auch ein Weg, um herauszufinden, wie und ob man zusammenpasst. Es ist ein viel wichtigerer Zeitraum, als man vielleicht meint.

Wissen Sie ... In der Welt, aus der ich komme, habe ich eine Freundin, die es nicht geschafft hat, diese Hürde zu nehmen. Es gab eine Art ... Dissonanz zwischen ihrem eigenen Strahlen und dem ihrer möglichen Eltern. Eine Woche nach der Empfängnis sagte sie nein ... Ihre ganze Seele krampfte sich zusammen, was zu einer spontanen Abstoßung führte. Die junge Frau, die ihre Mutter sein sollte, wusste noch nicht einmal, dass sie schwanger gewesen war!

Für solche Vorkommnisse trifft einfach niemanden die Schuld, wissen Sie. Es gibt Farben, also auch Düfte, die einfach nicht gut zueinander passen. Manchmal versucht das Leben, Brücken zwischen ihnen zu schlagen, sie einander anzunähern, zum Beispiel um uns die Gelegenheit zu geben, alte Spannungen aufzulösen, aber viele solcher Versuche scheitern, weil sie wahrscheinlich verfrüht sind. Hinter allem existiert eine feinstoffliche, außergewöhnlich intelligente Chemie. Es ist schwierig, sich das vorzustellen, wenn man nicht selbst darin eingetaucht ist.

Für mich war es sehr einfach. Die Paar-Aura von Pierre und Émilie war mir angenehm. Ich empfand sie als harmonisch. In sie einzutreten war wie in ein seidiges Gewand zu schlüpfen. Aber eins steht fest, lange Abstecher konnte ich noch nicht dorthinein machen! Alles war noch so fremd im Vergleich mit der Welt, aus der ich kam und in der ein guter Teil meines Wesens noch lebte!

Wirklich in die Paar-Aura eintreten konnte ich erst nach drei Wochen, als das Herz *meines* Embryos begann zu schlagen. Aber auch da waren es natürlich nur sehr kurze Momente ... Also unternahm ich immer Hin- und Rückreisen zwischen meiner Familie dort oben und der anderen, die zu der neuen werden sollte. Ich war von nichts abgeschnitten. Und das ist einer der Schmerzen einer Abtreibung, verstehen Sie? Die Seele wird plötzlich so auseinandergerissen, dass sie den roten Faden nicht mehr wiederfindet, um nach Hause zurückzukehren.«

»So sehr warst du also schon mit deinem kleinen Fötus verbunden?«

»Gefühlsmäßig war ich mit ihm noch nicht besonders verbunden ... aber die physische Verbindung war bereits sehr stark!«

»Schon nach zwei Monaten?«

»Ja ... Man hatte mich vorgewarnt, das wird mir gerade immer wieder klar.«

»Aber warum sagst du ›physisch‹? Du sprichst von deiner Seele wie von einer materiellen Wirklichkeit ...«

»Weil man, wenn man in seiner Seele ist, sich auch in Materie befindet. Es ist nur eine andere Definition von Materie, das ist alles. Ich weiß nicht, wie ich es anders erklären soll. Sie ist unendlich weicher, sie gehorcht nicht denselben Gesetzen ... aber das ändert nichts daran, dass sie einer sehr konkreten Wirklichkeit angehört. Und außerdem ... außerdem kommt noch etwas anderes dazu.«

»Sprichst du vom Ätherkörper?«

»Ja, das ganze energetische Netz, dieser Wirbel schöpferischer Naturkräfte bewirkt, dass der Entwurf des künftigen Körpers erst um den Embryo und dann um den Fötus herum gewebt wird.* Sie nennen es ätherisch, aber dieses Wort ist irreführend. Man denkt dabei an etwas Inhaltsloses. Das Ätherische ist aber ein bisschen wie ... Elektrizität.

Stellen Sie sich eine Welt aus extrem komplexen Stromnetzen unterschiedlicher Intensität vor ... Dann haben Sie eine ungefähre

* Für eine ausführlichere Darstellung siehe Daniel Meurois und Anne Givaudan: Les Neuf Marches, Éditions S.O.I.S.

Vorstellung von den Kräften und dem Austausch, der zwischen dem Seelenkörper und dem beginnt ... was im Bauch einer Frau geschieht. Es sind die Prinzipien des Universums, die dort zusammentreffen.

Und jetzt wird diese Anordnung ganz unerwartet zunichtegemacht ... Es ist wie ein starker Kurzschluss. Deshalb sagte ich ›körperlich‹, und deshalb hat der Schock mich entzweigerissen.«

Florences Lider haben sich langsam gesenkt. Mir fällt es nicht schwer zu erraten, dass sie ein paar Tränen verbergen will ...

Was mich verblüfft, ist Florences außergewöhnliche Reife, ich würde sagen, sie hat die Klarsicht eines Erwachsenen. Sie liefert mir den ultimativen Beweis dafür, dass auf die Erde keine Kleinkinder oder diffusen, unberührten Präsenzen kommen, um durch den Körper einer Frau geboren zu werden. Es sind eigenständige Wesen mit eigenem Gepäck, die alles bewusst erleben.

»Können wir fortfahren, Florence, oder möchtest du jetzt lieber allein sein?«

Meine Gesprächspartnerin ist noch eine Weile niedergeschlagen, aber dann fasst sie sich wieder.

»Nein ... Es tut mir gut, wenn meine Gedanken so beschäftigt sind. Bitte bleiben Sie ... Man muss wirklich mit allen sprechen, die ›abgelehnt‹ wurden, das ist unerlässlich. Ich fühle mich ein bisschen wie ein gewebtes Stück Stoff, von dem nur noch der vertikale Faden übrig geblieben ist. Genau so! Alle horizontalen Fäden, alles, was mir ›Farbe‹ gibt, Form, eine Art Identität, all das hat sich plötzlich aufgeribbelt.

Wissen Sie, die Seele ist dem Körper so nah! Wenn man auf der Erde ist, meint man immer, dass es zwei Welten sind, die nichts miteinander zu tun haben, dass die Grenze dazwischen undurchlässig ist. Aber genau das Gegenteil ist der Fall, zwischen beiden gibt es sozusagen ... Standleitungen. Man berührt eine Seite nicht, ohne die andere damit zu beeinflussen und umgekehrt.

Ich weiß wohl, dass man zumindest von der Existenz der Seele überzeugt sein muss, bevor man überhaupt die Chance hat zu begreifen, was ich Ihnen zu erklären versuche ... oder ganz einfach darauf hoffen kann, ein bisschen Liebe zu erhalten, wenn man ... aus einem Bauch herausgesaugt wird. Nur ein bisschen Liebe! Ist das so schwierig?«

Erneut ist Florences Bild jetzt dabei zu verschwinden. Ich kann nicht umhin, an eine Schnecke zu denken, die in ihr Haus zurückkriecht, genau in dem Moment, in dem sie eigentlich ihren Weg fortsetzen müsste ...

Um Florence aus dem schmerzvollen, halbbewussten Raum zu holen, der sie immer noch zu verschlingen droht, lasse ich die erste Frage hervorsprudeln, die mir in den Sinn kommt.

»Und für Pierre und Émilie? Wie war das für sie? Wusstest du, ob sie an etwas glaubten? Hatte der Begriff Seele für sie eine Bedeutung?«

Die Stimme, die versucht, mir zu antworten, ist schwach. Sie klingt so zögerlich, als würde sie vor dem Eingang eines großen Labyrinthes stehen und fürchten, sich darin zu verirren.

»Für Émilie schon ... Zumindest in gewisser Weise! Sie glaubt sehr wohl, dass es ›etwas‹ gibt, aber so vage, so verschwommen, dass es für sie praktisch nichts Handfestes ist. Ich verüble es ihr nicht; ich habe gesehen, dass sie nie Bezugspunkte hatte, um ein wenig darüber nachzusinnen. Sie glaubt theoretisch an etwas – sagen wir wie ihre Mutter –, aber da hört es auch schon auf.«

»Und Pierre?«

»Bei ihm ist es anders, ich habe es genau gesehen. Er sagt: Nein, es gibt keine Seele. Nicht, weil er dagegen ist, sondern einfach, weil es ihm Angst macht. Wenn er feststellen würde, dass die Seele Wirklichkeit ist, würde das seine Innenwelt mit ihrer scheinbaren Kohärenz dermaßen erschüttern, dass es wie ein Bombeneinschlag wäre, vor dem er hilflos wie ein Kind stehen würde. Aber auch ihm nehme ich es nicht übel; die meisten Leute sind ähnlich wie er, das wissen Sie selbst. Sie sind nicht so erwachsen, wie es immer aussieht!

Um sich ihren Ängsten nicht stellen zu müssen, beschließen sie, bei geschlossenen Fensterläden zu leben. Ihr Horizont bleibt immer derselbe, so können sie nicht ins Taumeln geraten, und vor allem tragen sie dann auch ein bisschen weniger Verantwortung. ›Vor dem Körper gab es nichts, und nach ihm gibt es natürlich auch nichts!‹ Ist das nicht viel einfacher? Eine Abtreibung ist deswegen einfach nur ein technisches Detail. Ich war ein Detail! Es sind solche Feststellungen, die auch das Herz verletzen ...«

Florences weiter blauer Blick hat sich wieder auf mich gerichtet, wie in den ersten Momenten unserer Begegnung. Treten wir bei der Bewältigung ihres Leids auf der Stelle? Ich fühle, dass ich bestimmter werden muss. Wenn ich sie wenigstens an den Schultern packen könnte, damit sie nicht den abstumpfenden Weg des Opferdaseins einschlägt!

»Bitte erklär mir, Florence ... Du sagtest, dass du wütend warst, aber jetzt hast du schon zweimal geäußert, dass du weder Émilie noch Pierre böse bist.«

»Ja ... Ach, ich weiß auch nicht ... Vielleicht bin ich ihnen trotz allem ja doch böse. Was ich wohl nur schlecht akzeptieren kann, ist der Wunsch, nichts wissen zu wollen, der Wunsch der meisten Leute, die Augen davor zu verschließen, was ihnen momentan nicht passt. Nicht wissen wollen heißt, sich von den Folgen der eigenen Handlungen zu entbinden. Ich glaube, wegen dieser Einstellung war ich damit einverstanden, Sie zu treffen und Ihnen mein Herz auszuschütten. Vielleicht werde ich ja so wenigstens zu mehr Nachdenken und Bewusstwerdung beitragen.

Ich glaube, es sind diese Dummheit und dieser Mangel an Liebe, die mich so wütend machen. Man kann vieles akzeptieren, viel Ablehnung verkraften, wenn ein Mindestmaß an Liebe vorhanden ist.«

»Aber sag mir, eben sprachst du über das Risiko, Pierre und Émilie als Eltern zu akzeptieren, und du sagtest auch, dass du dir über den Schmerz einer eventuellen Ablehnung im Klaren warst, auch nach nur zwei Monaten. Du wusstest also, was passieren würde ... Es gibt da etwas, irgendeinen Widerspruch, den ich nicht ganz verstehe. Ein Widerspruch zwischen deiner jetzigen Empörung und deinem frühzeitigen Wissen um deine Abtreibung.«

»Ich weiß ... Aber so mathematisch eindeutig ist es eben nicht. Natürlich war es ein Risiko, eine Wahrscheinlichkeit. Welche Richtung man auch einschlägt, es gibt immer Freiräume. Es fällt mir schwer, sie jetzt gerade zu erkennen, aber genau diese Freiräume sind es, die uns weiterbringen.

Im Grunde genommen war es nicht ›festgeschrieben‹, dass meine Eltern nicht meine Eltern sein und mich ablehnen würden. Die Prüfung, die ich durchstehen musste, bestand auch darin, einen Moment der Unsicherheit, der Unentschlossenheit zu akzeptieren. Ich war damit einverstanden ... Wenn man eine Zeit lang ›da oben‹ gelebt hat, erscheint alles oft so einfach ... Man sieht alles mit klarem, scharfem Blick, man versteht die letztendlichen Ziele. Dann erscheinen einem sehr viele wahrscheinliche Ereignisse als akzeptabel!

Was mich betrifft, muss ich zugeben, dass ich die Prüfung hätte ablehnen können ... oder vielmehr sie auf ein anderes Leben hätte verschieben können.«

»Aber du wolltest es irgendwie direkt abhaken.«

»Nein ... nein ... Das war es nicht.

In Wahrheit nennt sich das wohl Stolz. Aus Angeberei vor den Freunden, die mich führten, wollte ich einfach nur unter Beweis stellen, dass ich stark genug war. Ich sagte mir: ›Ich gehe, und es steht 50 zu 50, dass ich schnell wiederkomme ... Wenn ja, wird es ein bisschen wehtun, dann war es das, und ich werde zurückkehren.‹ Wahrscheinlich war ich einfach nur dumm, aber letztlich geschah alles wohl auch deshalb, weil ich mit Ihnen darüber reden sollte. Wer weiß?

Sie sehen, auch auf der anderen Seite des Spiegels bleiben wir immer noch menschliche Wesen, mit all unseren Widersprüchen.«

»Wenn ich dich so reden höre, sehe ich irgendwie eine enge Verbundenheit beider Seiten des Lebens, wenn sie auch oft unbewusst ist. Siehst du das auch so?«

Florence antwortet mir nicht sofort. Wieder erscheint ihr ganzes Gesicht vor mir, als würde es herausgezoomt, und erzeugt gleichzeitig eine leuchtende Welle mit Untertönen in kräftigem Rosa.

»Ja ... Das ist so, und es fällt mir noch schwer, es anzuerkennen. Beiderseits des Vorhangs säen wir alles aus, was uns später geschieht und uns zu dem macht, was wir sind. Man kann niemanden beschuldigen.

Aber jetzt ... hätte ich einfach gerne ein bisschen Ruhe und Einsamkeit. Ich muss mich selbst wiederfinden ... und für meine Seele ein neues Rückgrat erfinden. Darf ich?«

2. Kapitel

Zeit eines Traums

Die hämmernde Techno-Musik trifft meinen Seelenkörper mit voller Wucht ... Um die Wahrheit zu sagen, brauchte ich einen handfesten Grund, um heute Nacht diese Diskothek im Süden Frankreichs zu besuchen. Ich wollte sehen, wie es mit Émilie und ihrem Freund gerade läuft. Es ist Teil der Aufgabe, die mir anvertraut wurde. Die Wahrheit aufzuzeigen ...

Also habe ich meine körperliche Hülle abgelegt und bin jetzt widerwilliger Beobachter von etwa 100 jungen Leuten, die von zuckenden Lichtfunken beregnet in einer Nebelwolke herumtanzen.

Die beiden, die Florences Eltern hätten sein können, sitzen auf einer Bank in einer Ecke. Pierre hat gerade sein Glas geleert, beugt sich zu einem Freund, der versucht, ihm etwas mitzuteilen, indem er ihm drei Wörter ins Ohr brüllt, und wendet sich dann Émilie zu. Die sieht aus, als würde sie sich langweilen. Sie macht auf mich einen erschöpften Eindruck. Warum bemerkt er das nicht und wendet sich jetzt wieder seinem Freund zu? Aber Émilie hat genug, sie ergreift seine Hand, macht Anstalten aufzustehen und wirkt leicht genervt.

»Bist du müde?«

Die junge Frau antwortet nicht. Was aber auch gar nicht nötig ist, denn ihre Augen sagen alles. Davon abgesehen müsste sie ihn schon anschreien, um sich verständlich zu machen. Lieber schlängelt sie sich zwischen den sich verrenkenden Körpern der Tanzenden hindurch, um so gut es eben geht den Garderobentresen zu erreichen. Pierre hat begriffen, dass er keine Wahl hat. Angespannt und ratlos dreinblickend schiebt er jetzt mit der Schulter die schwere kupferfarbene Tür der Diskothek auf.

»Ich dachte, du hättest Spaß ... Du wolltest doch hierher heute Abend ...«

»Ich weiß, aber ich bin einfach müde, das ist alles ...«

»Denkst du an letzte Woche? Geht es dir nicht gut?«

Émilie gibt ihm keine Antwort. Fahrig greift sie nach Pierres Hand, und kurz darauf hallt die Straße von ihren Schritten auf dem feuchten Asphalt des schmalen Gehsteigs wider.

Ehrlich gesagt weiß ich noch nicht genau, warum ich hierhergekommen bin, um diesen kleinen Abschnitt in ihrem Leben von meinem Platz zwischen zwei Welten aus zu beobachten. Ein Wille außerhalb meiner selbst hat mich dazu gedrängt, mehr kann ich nicht sagen ... Er ist es auch, der mich jetzt antreibt, dem Auto zu folgen, in das beide gerade eingestiegen sind. Ich erkenne das leicht nervöse Knirschen der Reifen wieder, wie vor dem Krankenhaus vor gut einer Woche ...

»Nein, Pierre ... Ich werde allein hochgehen ... Wir sehen uns morgen ... Rufst du mich an?«

Die Fahrt war kurz. Eine breite Straße, drei Häuserblöcke, dann ein Wohngebäude mit kleinen Balkonen ... Wir sind da. Nach einem kurzen Abschiedskuss schlägt Émilie die Autotür zu, zieht fröstelnd die Schultern hoch, geht durch die gläserne Eingangstür und verschwindet in einem Aufzug.

Ich weiß nicht, was ich jetzt tun soll, denn es liegt auf der Hand, dass hier Émilies Privatsphäre beginnt. Es gibt nur eine Lösung: mich von diesem physischen Ort zu lösen, meinen Seelenkörper an einen Ort aufsteigen zu lassen, der ihm ähnlicher ist, und auf ein Zeichen zu warten. Es ist einfach nur eine Frage des Geschehenlassens.

Wenige Sekunden genügen ... Ich halte mich nun geistig nicht mehr vor dem Gebäude auf, das Émilies erschöpfte Silhouette verschluckt hat. Die Fassade verschwindet wie eine von hundert anderen möglichen, gleichzeitigen Wirklichkeiten. So ist unsere Welt beschaffen. Ich kenne sie *von innen*, ihre unzähligen Wellenlängen oder »Bilderwellen«, die sich überlappen oder übereinanderliegen wie die Schichten einer geologischen Landschaft.

Es ist so weit ... Mein Bewusstsein weitet sich, und ... erstaunlicherweise befinde ich mich wieder in Émilies Gegenwart. Sie liegt auf ihrem Bett, hat sich komplett angezogen einfach darauf geworfen. Hastig hat sie sich zugedeckt und ist schon in den Schlaf gesunken, während eine Lampe am Boden immer noch blasslila Licht verströmt.

Es sieht aus wie das Zimmer eines Mädchens, das zu schnell erwachsen geworden ist. Teddybären teilen sich den Platz mit Studienbüchern, zwei gebrauchte Teetassen stehen auf unerledigten Hausarbeiten und verstreuten Blättern irgendwo auf einem Schreibtisch aus weißem Holzimitat herum.

Zu Beginn ihres Schlafes scheint Émilie zu weinen.

»Hören Sie mich?«

Eine Stimme ist in mich hereingeplatzt.

»Hören Sie mich?«, wiederholt sie mit einer Beharrlichkeit, in die sich Besorgnis gemischt hat.

War das Émilie? Nein ... Unmöglich, sie ist kaum richtig eingeschlafen, hat noch nicht die Grenze zwischen den Welten erreicht.

Etwas in mir dreht sich halb um sich selbst. Eine Empfindung, die nur schwer zu beschreiben ist ... Es ist Florence, die gerade zu mir gesprochen hat, Florence, die sich jetzt direkt vor mir befindet, und das zum ersten Mal »vollständig«! Ich habe lange gebraucht, um zu begreifen, dass es wirklich sie ist.

»Auch ich sehe Sie gerade zum ersten Mal«, sagt sie. »Bis jetzt konnte ich es noch nicht. Da war nur Ihre undeutliche Präsenz, der Klang Ihrer Stimme wie vom Ende eines langen Rohres und das flüchtige Aufleuchten Ihres Blickes ... Oh, ich atme auf!«

Émilies Zimmer ist ganz allmählich in eine milchige Atmosphäre gehüllt worden. Eine Art halbdurchsichtiger Schleier hat sich über die Szenerie gelegt, und die junge Bewohnerin kommt mir jetzt ganz weit entfernt vor, verloren inmitten ihres großen Bettes.

»Ich hatte schon fast vergessen, wie sie aussieht ...«, murmelt Florences Stimme in mir. »Es ist, als wäre es schon hundert Jahre her! Ja, ich musste sie noch einmal wiedersehen, bevor ich mich aus dieser Sackgasse befreie. Ich habe alles getan, damit Sie mich hören und wir uns hier treffen.«

»Aber warum gerade hier und nicht anderswo, Florence?«

»Weil es dieser Hintergrund ist, vor dem sich alles angebahnt hat. Hier haben sie mich gezeugt, und hier haben sie auch beschlossen, mich abzulehnen.«

»Ich verstehe, aber weißt du, ich bin mir nicht ganz sicher, ob deine Formulierung so richtig ist. Nicht du als menschliche Person bist es, die abgelehnt wurde, sondern die Vorstellung, ein Kind zu haben. Das ist etwas völlig anderes, oder nicht? Deine Seele ist gerade mitten in der Schule des Lebens, in einer Bewusstseinslücke oder sogar ohne Liebe ... Egal, wie wir es nennen. Wenn du also versuchen würdest, nicht darauf zu bestehen, dass du es warst, die in Form von Florence unerwünscht war, dann würde das alles ändern.«

»Ich weiß ... Seit unserer ersten Begegnung habe ich mir das schon oft gesagt, aber sobald es darum geht, es wirklich in mich zu integrieren, ist es nicht mehr so einfach, und ...«

Irgendetwas verschweigt mir Florence. Ihre Stimme in mir war angespannt wie Luft, die nicht ganz ausgeatmet wurde. Aber ich will nichts erzwingen. Ich habe hier die Gelegenheit, einen Moment stiller Kommunikation zwischen uns zu erleben, einen Moment, in dem ich sie einmal wirklich eingehend betrachten kann.

Sie ist nicht mehr einfach nur ein Blick, eine Seele, mit der ich irgendwo im Unendlichen in Kontakt getreten bin, sondern ein komplettes menschliches Wesen mit einem Körper, Kleidung und eigenen Verhaltensweisen. Zudem ist sie recht hübsch mit ihren langen braunen Haaren, die offen auf ihre Schultern fallen, und ihrem blauen Kleid, das irgendwie aussieht wie vom Anfang des letzten Jahrhunderts. Wir sind so weit von dem kleinen Embryo entfernt, dessen Leben in einem Operationssaal erloschen ist! Florence hat sich selbst wiedergefunden, auch wenn ich mir fast sicher bin, dass sie noch nicht ganz schmerzbefreit ist.

»Ja«, beginnt sie wieder, »es ist wirklich nicht einfach, mich selbst davon zu überzeugen, was Sie mir gesagt haben ... Besonders wenn ich mir über das verbindende Element klar werde, das uns alle eint. Es ist kein Zufall, dass ich den Weg zu Pierre und Émilie gefunden habe. Es gibt überhaupt keinen Zufall! Aber das ahnten Sie ja schon ... Meine Seele hat Émilies Seele früher einmal gekannt. Vor einigen Jahrhunderten waren wir Schwestern. Sie müssen also verstehen, es ist so, als würde meine Schwester nichts mehr mit mir zu tun haben wollen.«

»Es heißt, dass Seelen, deren Schicksal es ist, eine Familie zu gründen, sich vor ihrer Inkarnation oder Zeugung alle gemeinsam versammeln. Es heißt, dass sie dann eine Übereinkunft treffen. Kannst du mir das für deinen Fall bestätigen?«

»Das stimmt ... Wir haben uns getroffen. Aber ich sagte ja schon, zwischen unserer Idealvorstellung und ihrer Verwirklichung, wenn wir dann mit dem Rücken zur Wand stehen, liegen oft Welten.

Bevor Émilie geboren wurde, verfolgte sie die Absicht, mich bei sich aufzunehmen. Wir schuldeten uns nichts, es war einfach nur das Bedürfnis, unseren Weg gemeinsam zu gehen.

Als wir uns dann im Bewusstseinsraum begegneten, das heißt, sobald sie mit Pierre zusammenkam und mir damit die Tür geöffnet hatte, war mir klar, dass sie sich verändert hatte. Sie war sich nicht mehr sicher, mich bei sich haben zu wollen, war sich ihrer selbst, ihres Mutes nicht mehr sicher, war nicht mehr überzeugt, dass es der richtige Zeitpunkt war. Sie wurde auf die Probe gestellt, genau wie ich. Und ich glaube, dass ihr das jetzt erst bewusst wird ...

Wissen Sie, dieses Zimmer ist eine Art Ankerplatz für mich geworden, der einzige auf der Erde, an den ich gehen und wo ich noch auf Kontakt mit Émilie hoffen kann. Ich weiß, dass das noch eine Begrenzung ist, die ich mir selbst auferlege ... Aber für den Moment ist es eben so. Ich brauche einen Bezugspunkt, um alles wieder besser zu ordnen, die Tafel blankzuwischen, auf der ich angefangen hatte zu schreiben, und mich wieder auf den Weg zu machen.

Keine Seele findet ihren Weg und ihren roten Faden wieder, wenn sie sich nicht ein bisschen ausgesprochen hat. In dem Raum zwischen den Welten, in dem ich gerade lebe, sind unsere Gedanken ähnlich wie Spinnennetze. Wenn man sich im Gewirr ihrer Fäden verfängt, ist es schwierig weiterzukommen.«

»Meinst du damit, dass du versuchen wirst, mit Émilie zu sprechen?«

»Ich würde gerne bewirken, dass sie meinen geistigen Raum betritt. Ach, ich würde es so gerne schaffen, ihre Seele zu meiner zu führen! Genauso wie Sie gerade hier sind! Ich weiß, es wäre befreiend für uns beide ...«

Es ist ein emotionaler Moment für Florence. Wenn ich nicht gerade ihr geladener Gast wäre, würde ich mich jetzt irgendwie fehl am Platz fühlen.

»Man hat mich gelehrt, was zu tun ist, wenn man sich noch ganz nah bei seinen Lieben befindet ... Ich muss ins Licht schlüpfen, in ihre Nähe, und versuchen, sie zu berühren ... an ihrer Hand ... oder ihrer Schulter. Dann hätte ich die Chance, dass sie herkommt und auf mich aufmerksam wird. Wenn mir das gelingt, gleich oder morgen, wenn es Tag wird, wird Émilie glauben, von mir geträumt zu haben.«

Ich kann Florence nichts entgegnen. Mehr als je werde ich in diesem Moment zu ihrem Beobachter, zum respektvollen Beobachter ihrer Verwandlung und zum Zeugen einiger Mysterien unseres Lebens. Ich tauche ins Allerheiligste ein, ich weiß es, und es ergreift auch mich. Ich muss es einfach nur geschehen lassen und beobachten ...

Während sie sich auf Émilie zubewegt, die ausgestreckt unter ihrer Bettdecke liegt, scheint Florence wie durch einen Fluss zu waten. Natürlich wird sie versuchen, nur den feinstofflichen Körper der jungen Frau auf sich aufmerksam zu machen und sanft zu sich zu locken, aber von meinem Beobachtungsposten aus gibt es da keinen Unterschied; es ist einfach dasselbe, ohne Grenzen.

Jetzt ... Florence beugt sich hinab, legt ihre Hand auf die linke Schulter der Frau, die ihre Mutter hätte sein sollen. Sie lässt sie lange dort liegen, und ich nehme ganz deutlich eine Brücke wahr, die zwischen den beiden Frauen geschlagen wird.

Émilie gibt einen tiefen Seufzer von sich. Wird sie aufwachen? Nein, es ist nicht ihr physischer Körper, der jetzt aufmerksam wird ... Florence zieht sich zurück, gleitet zwei Meter vom Bett weg, und ich sehe sie lächeln ...

Plötzlich steigt eine Gestalt aus mondfarbenem Licht von der Bettdecke empor. Ich erkenne sie, es ist Émilie mit ihrer eigenen Silhouette und denselben Gesichtszügen. Ihre Seele hat sich über den Weg des Schlafes zu uns gesellt. Sie scheint aus langer

Benommenheit erwacht zu sein, und für einen kurzen Moment hoffe ich, dass wir nun eine bewusstere Émilie vor uns haben ...

Doch bei seinem Erwachen scheint der Lichtkörper der jungen Frau lieber an den Reflexen festhalten zu wollen, die sie in ihrem physischen Gewand erlernt hat ... Und ich höre richtig, Émilies Seele weint. Sie wird von kleinen Krämpfen geschüttelt, hat ihren Kummer von der anderen Seite des Spiegels mit herübergebracht.

Ein schneller Blick zu Florence genügt, um mir ihre Angst begreiflich zu machen. Sie weiß nicht, was sie tun soll angesichts dieses Schmerzes, als dessen Mittelpunkt und Ursprung sie sich vermutlich sieht. Eines aber steht fest, ihre Wut ist verflogen. Vor wenigen Wochen noch war sie im Bauch dieser weinenden Frau gewesen, und jetzt steht sie ihr gegenüber, auf Augenhöhe, und ist selbst mitgenommen und ratlos.

Ich weiß nicht, ob es immer so verläuft, aber es ist etwas Ergreifendes an der Szene, die ich hier beobachten darf.

»Émilie?«

Der Ruf kommt von Florence, wie ein Rettungsring, den sie ins Meer geworfen hat. Es ist ein Herzensruf, in den sich leichte Verzweiflung gemischt hat.

Émilie reagiert nicht. Sie ist weiter in ihrer Grundstimmung, träumt, dass sie weint, während sie sich nervös mit der Hand durch ihr zerzaustes kurzes Haar fährt.

»Erkennst du mich? Ich bin es ...«

Florence ist an sie herangetreten. Ich errate, dass sie sie gerne an den Schultern packen würde wie eine große Schwester oder Mutter, aber dass sie nicht die Kraft dazu hat.

»Émilie, hörst du mich?«, fragt sie jetzt leicht gereizt. »Ich muss mit dir reden!«

Diesmal hebt die junge Frau den Kopf. Verwirrt sucht sie mit ihrem Blick das sie umgebende Licht ab, das Licht der »doppelten Energie« ihres Zimmers. Dann löst sie sich vom Rand ihres Bettes und geht auf Florence zu, als wäre sie weder von ihrer Existenz noch von ihrer Gegenwart überrascht.

Die Bewegung genügt, um alles zu verändern. Der Lichtraum, der uns drei umhüllt hat, scheint zu zerfallen. Ich begreife sofort, dass er von Émilies und Florences Gedanken gerade neu geformt wird.

Er wird zum Hologramm ihrer inneren Wirklichkeit in diesem Moment, sodass ich befürchte, er könnte mir entgleiten oder ich könnte daraus ausgeschlossen werden, weil die darin herrschende Vertraulichkeit nun zu intim für mich ist.

Gerade wird mir perfekt vor Augen geführt, wie Träume entstehen. Außerhalb ihres Gewandes aus Haut und Knochen haben unsere Seelen die spontane Fähigkeit, mehr oder weniger solide, beständige Welten zu erschaffen, in denen sie sich aufhalten und auch Situationen einfädeln, Inszenierungen ersinnen oder ihre Fantasievorstellungen vorübergehend zum Leben erwecken.

Aber wie ich schon geahnt hatte, ist die Vertrautheit zwischen Florence und Émilie zu groß, als dass ich gänzlich Beobachter davon sein könnte. Ab jetzt dringen nur noch ihre Stimmen zu mir, rote Fäden, die es mir aber dennoch erlauben, ihnen in ihren privaten Garten zu folgen. Ich lasse mich darauf ein, denn mir wird eine Hand gereicht, damit ich meine Aufgabe weiterführen kann.

»Warum hast du mir nichts gesagt, Émilie?«

»Ich wusste es doch selbst nicht ...«

»Aber wir hatten beschlossen, uns zu treffen!«

»Du hast doch keine Ahnung, wie es uns da unten gerade geht ... Alle versichern uns, dass es nicht so schlimm ist. Und davon abgesehen weißt du auch nicht, wie Pierre ist. Er wollte nicht ...«

»Es geht nicht darum, ob es schlimm ist, Émilie. Es gibt keine Wunde, die nicht wieder heilt ... ›Schlimm‹ ist nicht das passende Wort ... Es ist ... die Art und Weise, wie es abläuft, das Fehlen von Liebe. Das ist es, was mich so schmerzt, mehr als alles andere.

Das Fehlen von Liebe! Ich habe das Gefühl ... von Verrat, von Verlassenheit, verstehst du? Irgendetwas zerbrach in mir, als ich begriff, dass ich keine Hoffnung mehr hatte, dich zu treffen. Ich war voller Tatendrang, war bereit - und dann ... war alles mit einem Mal vorbei.«

Émilies Antwort dringt nicht bis zu mir durch. Aber wahrscheinlich kam von ihr auch gar keine, denn zwischen den beiden jungen Frauen herrscht eine Zeit lang bedrückendes Schweigen.

»Aber wir sind doch Komplizinnen, oder nicht? Ich will dir ja gar nichts vorwerfen. Das ist eine Sache nur zwischen uns beiden. Ich wünsche mir nur, dass dir klar wird, dass du dein Leben nicht so im Halbschlaf weiterführen kannst.«

»Findest du, ich schlafe?«

»Wir finden, ihr schlaft *alle*. Wenn wir uns auf den Weg zurück zu euch machen, wird das für uns fast immer zu einer Herausforderung. Ich glaube, es gibt bei uns keinen, der sich nicht fragt: ›Werden sie uns hören? Haben sie wenigstens das Gefühl, dass da *jemand* ist, der gerade unterwegs zu ihnen ist und sie wahrnimmt?‹ Wir wissen, dass wir in eine Welt hinabsteigen, in der alles, was normalerweise heilig sein müsste, systematisch ignoriert wird.«

»Aber du weißt doch genau, dass ich nicht religiös erzogen wurde ...«

»Wer redet denn hier von Religion, Émilie? Das Heilige hat damit überhaupt nichts zu tun! Es gehört zum Leben, zu seinem Fundament, seiner Essenz. Es ist einfach nur der Respekt vor einem Mysterium, das uns alle übersteigt, egal, wer wir sind ...

Bitte versuche, mich zu verstehen ... Es war dein gutes Recht, mich nicht haben zu wollen. Ich hätte mir einfach nur gewünscht ... dass du es mir erklärst, dass du mir sagst, dass du mich liebst, aber der Zeitpunkt für dich einfach nicht der richtige ist. Ich hätte gehofft, dass du ... dich noch einmal mit mir triffst.«

»Ich wusste nicht mehr, dass du es warst, ich wusste ja noch nicht einmal, ob in meinem Bauch wirklich etwas war ...«

Irgendetwas rührt sich in dem geistigen Raum zwischen Florence und Émilie. Offenbar weitet sich plötzlich ihr Bewusstsein, befreit sich von einer emotionalen Last, denn ich fühle mich erneut in ihre Welt eingeladen. Ihre Silhouetten tauchen wieder auf, scheinen sich im Licht zu formen. Offenbar haben die Herzen der jungen Frauen sich mehr geöffnet und den Horizont ihrer Innenwelt erweitert. Sie haben eine Szenerie erschaffen, die sicherlich auf alten, gemeinsamen Erinnerungen beruht und ihnen hilft, sich neu zu zentrieren.

Die beiden jungen Frauen sitzen auf einem Rasen, auf dem Gänseblümchen wachsen. Nicht weit entfernt sehe ich einen alten Baumstumpf und einen herumtollenden Welpen. Jenseits davon verliert sich alles in lichtem Nebel.

»Aber ich sah dich so leiden, Émilie. Also musst du mich doch trotz allem gespürt haben ...«

»Ich weiß es nicht ... Ich sagte mir, dass mein Körper gerade unabhängig von mir reagiert, dass er sich neu ordnet. Allerdings ...«

Ich fühle einen Schluchzer in Émilies Kehle. Sie holt einmal Luft, um ihren Satz zu beenden.

»Allerdings ... fühle ich mich schuldig ... Aber nicht wirklich in meinem Kopf, denn schlüssige Argumente habe ich genug. Eher in meinem ... tiefsten Herzen. Und dann ist da ja auch noch Pierre. Er wollte nie offen darüber sprechen. Er sieht es lieber als mathematisches Problem, das es zu lösen gilt; Befindlichkeiten haben dort keinen Platz. In Wirklichkeit ist das sicher seine Art, um sich zu schützen, weil er ein sensibler Mensch ist ... Er hat es genauso gemacht wie ich, er hat lieber einen Bogen darum gemacht, weil es ihm unverständlich war. Das ist einfach typisch für ihn. Er weiß, dass das Gleiche auch seiner Mutter passiert ist, als er etwa zehn war ... Ach, sag mir noch mal, dass es nicht so schlimm ist!«

Florence lächelt traurig.

»Nein ...«, sagt sie schließlich mit einer Art Seufzen. »Es ist einfach nur ... eine Seite, die man aus einem Heft herausgerissen hat und nun irgendwie neu schreiben muss.«

Plötzlich schreckt Émilie hoch. Im Bruchteil einer Sekunde sehe ich ihren Lichtkörper sich auflösen, genau wie die grüne Szenerie, in die ich gerade eben erst eingelassen worden bin. Nichts davon existiert mehr, und mir ist, als würde ich zurückgezogen oder auf den Boden von etwas fallen. Der geistige Raum der Welt, die ich gerade noch mit ihnen geteilt habe, ist wie eine Seifenblase zerplatzt.

Zum Glück ist diese unangenehme Empfindung kurz, denn im nächsten Augenblick befinde ich mich schon wieder in der gedämpften Atmosphäre von Émilies Zimmer. Das nervende Klingeln eines Telefons auf dem Boden neben dem Bett hat die junge Frau aus dem Schlaf gerissen. Mühevoll hebt sie den Hörer ab und murmelt mit tonloser Stimme ein paar Worte.

»Bist du das, Pierre? Ich war gerade eingeschlafen ... Nein, ich schwöre dir, mir geht es gut ... Ach Quatsch, böse bin ich auch nicht ... Ich hatte gerade einen komischen Traum ... Werde ich dir morgen erzählen ... Ja, ich dich auch ...«

Mit einer schwerfälligen, unbeholfenen Bewegung legt die junge Frau wieder auf, und ich fühle, dass die »Leitung« auf meiner Seite getrennt wurde. Émilie wird wieder versuchen zu schlafen, und Florence ist in ihre Welt jenseits des Schleiers zurückgekehrt ... Mir bleibt nur noch, wieder meinen Körper aufzusuchen, um in ein paar Stunden zu versuchen, zu Stift und Papier zu greifen.

3. Kapitel

Begegnung mit einer »Heimatseele«

Ich zähle schon gar nicht mehr die Fragen, die sich seit meinem letzten Kontakt mit Florence und Émilie in mir auftürmen. Meine inneren Regale sind sozusagen gut gefüllt. Ich hatte aber auch genug Zeit, um sie einzuräumen und zu ordnen, denn seit etwa zehn Tagen habe ich nicht mehr versucht, Antworten darauf zu finden. Ich habe keinerlei Ruf von Florence vernommen, und außerdem wollte ich ja meinem Beschluss treu bleiben, nichts zu erzwingen oder zu überstürzen.

Jetzt allerdings ist es Zeit weiterzugehen. Wenn meine Gesprächspartnerin weiter zu sich gefunden hat, wenn ihre Seele Frieden gefunden hat, dann hoffe ich, sie auf die zahlreichen Fragen ansprechen zu können, die sich viele über den Akt der Geburt oder dessen Ablehnung stellen.

Eine Seele in ihrer eigenen Welt zu treffen, ist immer eine reine Herzensangelegenheit. Es gibt keinen vorgezeichneten Weg. Die »Glasfaser« oder das »Hochgeschwindigkeitskabel«, das die Reise dorthin ermöglicht, trägt nur den Namen der Liebe. Eine Liebe, die langsam gewachsen ist, jenseits jeder Identifikation mit dem Körper und frei von Fesseln.

Ich habe keine Vorstellung von dem Ort, wo Florence sich befindet. Nur ihr Gesicht (soll ich es wagen, es *florentinisch* zu nennen?) und die zarten Freundschaftsbande, die zwischen uns entstanden sind, dienen mir als roter Faden. So ist es jedes Mal, wenn Seelen sich begegnen und sich eine Verbindung zwischen ihnen aufbaut; irgendwie tauschen sie gegenseitig ihre Zugangscodes aus. Die Ausdrucksweise ist zwar nicht gerade poetisch, aber in unserer technologieversessenen Gesellschaft wohl am besten verständlich.

Ja, jede Seele, jedes Bewusstsein besitzt einen eigenen Code, vergleichbar mit einem extrem komplexen Ganzen aus Schwingungsfrequenzen. Diese transportieren unendlich viele Entwicklungen, Geschichten und folglich auch Erinnerungen. Wenn sich zwei Wesen also wiederfinden oder zum ersten Mal begegnen, tauschen zwei Welten unwissentlich zig Milliarden Informationen aus und schlagen unzählige mögliche Brücken zueinander.

Auch wenn eine Frau und ein Mann sich in einem ganzen Leben nur fünf Minuten vereinigen, auch wenn der Bauch einer Frau nur für wenige Wochen eine Präsenz in sich aufnimmt, wird dennoch zwischen beiden für immer eine Silberschnur geknüpft.

Warum Silber? Weil sie vor allem aus Instinkten und Gefühlen gewebt ist ... Und weil wir alle in unzähligen Leben und Welten die Aufgabe haben, eine Goldschnur daraus zu machen, indem wir ihren Sinn erkennen und sie veredeln.

»Wie viel Zeit ist vergangen? Haben Sie die Tage gezählt?«

»Es ist jetzt fast einen Monat her, Florence.«

Diesmal begegne ich der jungen Frau in einer ganz anderen Szenerie. Wir befinden uns in einer Art unendlichem Tunnel, der von sanfter, grüner Helligkeit beherrscht wird. Florence trägt immer noch das lange, blaue, etwas altmodische Kleid, in dem ich sie schon zuvor gesehen habe.

»Das erstaunt mich nicht«, antwortet sie mit gezwungenem Lächeln. »Es ist keine Überraschung, dass ich immer noch so langsam bin! Es ist noch zu früh ... Ich konnte schon ein wenig nach Hause zurückkehren, aber irgendetwas hat mich schweren Herzens ganz schnell wieder hierher zurückgeführt. Es ist verrückt! Warum ist das so hartnäckig?«

»Wovon sprichst du?«

»Von allem, was meinen Körper ausmachen sollte, von Kräften, die schon begonnen hatten, ihn zu formen. Ich bin tatsächlich tot, verstehen Sie! Aber mein Herz schlug schon ... und als urplötzlich beschlossen wurde, es zu unterbrechen, wurde eine Lebensintelligenz einfach per Kurzschluss ausgeschaltet. Die natürlichen Elemente, die schon in mir zusammengekommen waren, wurden plötzlich auseinandergerissen. Sie hatten schon begonnen, sich zu organisieren, mich ›gedanklich‹ Organ für Organ zu erschaffen, und mit einem Mal wurde Äther von Luft getrennt, Luft von Feuer, Feuer von Wasser und schließlich Wasser von Erde.* So war es, ob man es glaubt oder nicht!

Stellen Sie sich ein Haus vor, das plötzlich abgerissen wird, nachdem man schon angefangen hatte, die Mauern hochzuziehen. Das ganze Baumaterial wird zerlegt ... Ziegelsteine, Mörtel, Holz, Glas, alles stürzt in einem großen Durcheinander in sich zusammen. Dann braucht es Zeit, bis sich der Schutt zersetzt und irgendwann alles seinen Platz in der Natur wiederfindet.

Nun, mit einem kleinen Körper, auch wenn er erst eine Rohfassung ist, ist es genau das Gleiche! Es dauert etwa 40 Tage, bis die Lebensprinzipien, die ihn formten, wieder in ihre Matrix

* Siehe Daniel Meurois und Anne Givaudan: Les Neuf Marches, Éditions S.O.I.S.

zurückkehren. Dieser Prozess läuft einfach so und nicht anders ab, wissen Sie.

Das Feuer nimmt die Essenz des Feuers wieder in sich auf, die Luft die Essenz der Luft und so weiter ... Solange dieser Prozess nicht abgeschlossen ist, besteht immer noch etwas Feinstoffliches, eine Art Schwere, fort, die die Seele weiter mit den zerstreuten Kräften verbindet, die ihr ein physisches Gewand gewebt hatten.

Deshalb schaffe ich es gerade nicht ganz zurück nach Hause und trödele immer noch in diesem leidigen Korridor meines Bewusstseins herum. Es hängt nicht komplett von meinem Willen ab. Es ist, als ob mein Schiff noch teilweise in einer Sandbank stecken würde und auf die Flut warten muss, um wieder ins offene Meer zu gelangen. Noch etwa zehn Ihrer Tage vielleicht ...«

Was soll ich darauf antworten? Florence hat mich wieder einmal gezwungen angelächelt, und ich merke, dass sie sich in ihrem Tunnel aus grünem Licht etwas von mir entfernt.

»Wohin gehst du?«

»Ich möchte, dass Sie mein Zuhause sehen ... Also versuche ich, dorthin zurückzukehren, damit Sie mir folgen.«

»Du sprichst davon wie von einer physischen Distanz, die man zurücklegen muss ...«

»Nein, glauben Sie das ja nicht! Physische Distanzen gibt es nicht. Es gibt nur geistige Distanzen. Sehen Sie diesen Tunnel hier, in dem ich zu laufen scheine? Nun, auch den erzeuge ich selbst. Ich sagte Ihnen ja schon, die Schwere der Erde hinterlässt immer noch ihren Abdruck auf meiner jetzigen Wirklichkeit, und dieser Tunnel ist ihre Widerspiegelung. Mein Zuhause ist hier, irgendwo in den Zwischenräumen des Lichts. Ich versuche also einfach nur, mir das Gefühl von Fortbewegung zu geben, um einen Raum in meinem Herzen zu öffnen und hineinzuschlüpfen. Bitte bleiben Sie nah bei mir ...«

»Ich möchte nur eines noch gerne wissen, Florence ... Du sprachst von der Zeit, die es braucht, bis der Schutt einer Hausruine sich zersetzt und wieder in die Natur zurückkehrt. Aber es kann doch auch sein, dass das Werk der Zeit durch Menschenhand beschleunigt wird, indem die Trümmer weggeschafft werden, oder nicht?«

Kaum habe ich geendet, als Florence sich wieder zu mir umdreht und mich schmerzvoll ansieht.

»Möchten Sie über das Beten sprechen? Aber *wer* von euch betet denn eigentlich heutzutage noch?«

»Nicht unbedingt ... Ich wollte nur über das Denken und die Macht sprechen, die ihm innewohnt, wenn es von Verständnis geprägt ist, von Liebe, von ...«

Ich kann meinen Satz nicht mehr beenden. Florence ist in Tränen ausgebrochen. Ihre Wunde ist noch zu frisch, und unwillentlich habe ich bei meiner Suche nach wahren Worten ihren Schmerz wieder aufleben lassen.

»Es ist nichts ...«, sagt sie fast sofort und fasst sich wieder: »Es gibt einfach ein paar Dinge zu sagen, wir haben einen Handel miteinander abgeschlossen. Sie und ich sind hier außerhalb der Zeit. Aber wie Sie ja sehen, gibt es in diesem Mysterium trotz allem eine Art inneres Stundenglas oder Pendel, dessen Gesetz man respektieren muss, wenn man Ruhe finden will. Ja, es ist wahr ... Liebevolle Gedanken! Nur liebevolle Gedanken, die säen und weiter ausgesät werden, können wahrscheinlich den Weg verkürzen. Ich weiß nicht, ob Sie das verstehen und in Worte fassen können. Émilie und Pierre sind schon so weit weg ... und gleichzeitig noch so nah!«

Ich fühle, dass gerade eine Bresche in Florences Bewusstsein entstanden ist. Allein die Erwähnung von Liebe scheint eine Tür in ihrem inneren Raum geöffnet zu haben, denn die Struktur des »Ortes« unserer Begegnung ändert sich gerade rasend schnell.

Der Lichtkanal, in dem ich das Gefühl habe, hinter ihr herzugehen, wird immer kristalliner. Ich wünschte, er würde zu einer Brücke, die den Fluss überquert, der die Welten voneinander trennt.

»Du hast von deinen Freunden, von deiner Familie gesprochen, Florence. Wirst du mich zu ihnen führen?«

Ich weiß nicht, ob es meine Fragerei ist, die nun alles zum Einsturz bringt, aber nur innerhalb eines Augenblicks zerreißt ein Schleier ... Und ich sehe nur noch Gras! Überall nur Gras! Seine leuchtende, satte Farbe berührt mich zutiefst.

»Zu *ihnen* hatte ich gehofft, Sie führen zu können - Sie haben mir geholfen, und ... da ist mir sehr deutlich ihr Bild erschienen!«

Ich drehe mich um. Florence steht mir gegenüber, mitten auf einer großen Wiese, auf der ein paar Pferde herumtollen. Sie erinnert mich an eine junge Bauersfrau, braungebrannt und strahlend.

»Ich ... Ich habe das Gefühl, aus einem schlechten Traum aufgewacht zu sein«, sagt sie um Worte ringend. »Ich hatte einen Albtraum ...«

Ohne noch mehr zu sagen, dreht Florence sich um und beginnt, über die Wiese zu laufen. Sie blickt auf ihre Füße, wie sie die Grasbüschel zertreten, und ich begreife, dass sie versucht, ihre Tränen zu verbergen. Ich lasse sie sich in Ruhe etwas entfernen.

Wie sollte mich nicht berühren, was sie gerade durchlebt? Es ist ein wahrer Befreiungsschlag für sie! Zum ersten Mal seit Monaten irdischer Zeit holt sie aus vollem Herzen Luft, und ihr Atem hallt wunderbar leicht in mir wider ...

Ja, ich werde die junge Frau sich so weit entfernen lassen, wie sie es braucht. Sie hat die Ketten ihres Schmerzes gesprengt, sie kehrt nach Hause zurück, und sollte unsere gemeinsame Geschichte hier enden, werde ich es akzeptieren.

Sie läuft immer weiter, und vor ihr erahne ich am äußersten Rand der Wiese hinter einer Reihe kleiner Bäume ein Haus. Vielleicht ein Bauernhof mit Nebengebäuden. Mit seinem Strohdach, dem Taubenschlag und den Fachwerkmauern macht das Gebäude einen sehr alten Eindruck. Eine idyllische Kulisse, wie man sie manchmal im Traum erblickt ...

»Da ist es ...«, sagt Florence plötzlich mit viel sanfterer Stimme. »Da habe ich gewohnt ... oder wohne ich. Ich weiß nicht mehr genau, wie man es jetzt nennen muss. Und dort treffe ich *sie* auch immer noch. Sie werden da sein, ich habe sie so gerufen! Kommen Sie? Ich bin noch nicht fertig, wissen Sie! Es gibt noch Unmengen an Dingen, die ich Ihnen sagen möchte!«

Hinter hohem Gras höre ich leise ein Rinnsal murmeln. Ich lasse mich von seinem fröhlichen Zauber ergreifen, gehe weiter, überquere eine Holzbrücke wie auf den Postkarten meiner Kindheit und gelange auf eine Allee, die mich zu Florences Haus führt.

Die geht ernsten Schrittes vor mir her, ohne sich umzudrehen, als wäre sie gedanklich schon im Inneren des Gebäudes. Ich will nichts verpassen, mein Bewusstsein ist offener denn je.

Die Bewegung von Florences Seele muss mich mitgezogen haben, denn fast sofort, ohne dass ich bewusst irgendeine Türschwelle überschritten hätte, finde ich mich neben ihr am Eingang eines Raumes wieder, in dessen Mitte ein großer Bauerntisch steht. Vier Personen sitzen daran wie eine Familie, die auf verspätete Gäste wartet.

Es ist ein merkwürdiges Gefühl in dieser Kulisse, die direkt aus einem früheren Jahrhundert zu stammen scheint. Unter meinen Füßen spüre ich das zugleich weiche und derbe Relief des Lehmbodens. Es folgen stürmische Umarmungen und Küsse. Florence hat hier tatsächlich ihre Seelenfamilie wiedergefunden, sodass ich mir inmitten dieser Freudenausbrüche trotz der mir anvertrauten Aufgabe fast wie ein fünftes Rad am Wagen vorkomme. Ich gehöre nicht in diese Welt ... Außerdem spüre ich deutlich, dass mein Körper nicht dieselbe Dichte aufweist wie die der hier Lebenden.

Allerdings muss ich niemandem vorgestellt werden. Sie wissen, wer ich bin und warum ich hier bin. Ob alles so sei, wie ich es mir für meine Arbeit gewünscht habe?

Ich bejahe, füge aber hinzu, dass ich noch viele Dinge klären muss ... Auf der Erde muss man zugleich trösten und Verantwortungsgefühl wecken, versuche ich meinen Zuhörern zu erklären. Darf ich sie alles fragen, was mich beschäftigt?

»Uns gefallen deine Worte ... Trösten und Verantwortungsgefühl wecken. Auch wir sehen unsere Aufgabe darin, weißt du.«

Am anderen Ende des Tisches sitzt ein Mann von etwa 30 Jahren, er macht einen kräftigen, ruhigen Eindruck. Er hat diese wenigen Worte an mich gerichtet, während Florence sich in seine Arme geschmiegt hat.

»Florence war vor sehr langer Zeit meine Tochter«, erklärt er in beschützerischem Tonfall. »Seitdem haben wir diese Bande immer gepflegt ...«

Ich kann nicht umhin zu lächeln, so liebevoll ist diese Szene.

»Aber ich dachte, diese Bande würden sich von Leben zu Leben ändern.«

»Ja ... das ist wahr, aber es ändert nichts daran, dass wir alle in einer anderen Welt einen Vater, eine Mutter, Großeltern oder Freunde haben ... die wir bevorzugen. Es ist ... wie ein Stützpfeiler, ein Heimathafen oder ein offenes Ohr, an das man sich immer wenden kann.«

»Ein Seelenführer? Gewissermaßen ein Schutzengel?«

»Oh, weder noch! Nennen wir es ... Heimatseele, wenn du so willst. Sagen wir, dass ich die Heimatseele in Florences Himmel bin, ihr liebes Bindeglied zwischen zwei Leben, ihr Tröster. Wir haben uns gegenseitig dazu auserkoren. Seelenführer oder Schutzengel sind ... etwas anderes. Einige von ihnen siehst du hier, sie haben eine Aufgabe hier an meiner Seite. Oft wissen sie Dinge, die ich nicht weiß! Sie unterweisen ... Ich tröste!«

Während Florences »Vater« spricht, streift sein Blick vergnügt die drei anderen Personen, die mit am Tisch sitzen.

An ihnen ist nichts wirklich Besonderes, um ehrlich zu sein. Es sind zwei Frauen und ein Mann, nach der Mode einer Zeit gekleidet, die Florences Zeit entsprechen könnte.

Als sie mich mit meinen Unmengen von Fragen sehen, fangen sie an zu lachen. Als Schutzengel könnten sie menschlicher kaum sein, und Flügel würde man bei ihnen auch vergeblich suchen!

Während ich versuche, die Tiefe ihres Blickes auszuloten, und gleichzeitig akzeptiere, mich von ihrem offenherzigen Lachen durchdringen zu lassen, erahne ich, dass sich hier in ihrer Gesellschaft tatsächlich alles aufklären kann ...

Im Grunde habe ich gerade keine Ahnung, wie ich jetzt weitermachen soll. Ich fühle mich vor allem in einer Familie, und meine lange Liste mit Fragen kommt mir völlig unpassend vor. Wir sitzen zu sechst um den Tisch, und ich habe überhaupt nicht die Absicht, den Reporter zu spielen! Wenn ich mich doch einfach unsichtbar machen könnte, um sie einfach nur zu beobachten und ihnen zuzuhören ...

Trotz allem sprudelt eine Frage aus mir heraus. Unmöglich zu wissen, ob ich sie wirklich selbst formuliert oder einfach nur empfangen habe.

»Und Sie, wussten Sie das alles? Wussten Sie, was mit Florence passieren würde?«

»Du willst unsere Meinung hören, nicht wahr? Nun, erlaube uns erst einmal, dich zu fragen, ob du weißt, wohin du als Nächstes reisen wirst.«

»Ja, ganz ehrlich, ich weiß, wohin ich in zwei Monaten reisen werde.«

»Du meinst also zu wissen, wohin die Reise geht, aber in Wirklichkeit weißt du noch gar nicht, ob du sie überhaupt antreten wirst. Alles, was man auf Erden plant, ist das Produkt einer vertrauensvollen Haltung und eigentlich eher wie eine Wette, oder?

Nun, für uns hier gilt genau das Gleiche! Wir wünschen uns Dinge, wir planen Reisen, wir schließen Wetten ab ... Weißt du, das Schicksal jedes Einzelnen wird ... in jedem Moment geschrieben! Kein Buchstabe ist in Stein gemeißelt. Daher gibt es sogar aus unserer Sicht immer Unbekanntes zu entdecken, Risiken auf sich zu nehmen, Wagnisse einzugehen. Keiner von uns, weder in der einen Welt noch in der anderen, hat feste Schienen unter sich. Jede verrinnende Lebenssekunde kann zu einem entscheidenden Moment werden. Hast du daran schon einmal gedacht?

Wenn ein Wesen also kurz vor einer Inkarnation steht, sind bereits unglaublich viele Wahrscheinlichkeiten, Risiken und Möglichkeiten in ihm angelegt. Florence hatte es schnell vergessen, sobald ihre Eltern sie gezeugt hatten ... aber die Chancen standen für sie acht zu zehn, dass sie schon bald wieder zu uns zurückkommen würde. Sie war darüber in Kenntnis gesetzt worden.«

»Ist das nicht ein bisschen absurd?«

»Weißt du, das Leben versucht immer und unermüdlich, sich irgendwo einzuschleichen, wenn auch nur die geringste Möglichkeit besteht. Das ist seine Natur. Es geht immer weiter ... Jedes Problem verwandelt es in eine Möglichkeit zur Weiterentwicklung. Der ihm innewohnenden Kraft sind Begriffe wie Scheitern und Erfolg völlig unbekannt.

Natürlich wären Pierre und Émilie mit Florence an ihrer Seite gewachsen, so viel ist sicher ... Aber haben sie jetzt etwa eine ... Prüfung nicht bestanden, weil sie ihre Seele nicht bei sich aufnahmen? Das kann man absolut nicht sagen ... denn durch ihre Weigerung werden sie anderweitig wachsen, und sie werden Florence auf eine andere Weise weiterbringen. Hier zu urteilen, ist zu einfach ... Es ist ein Zeichen von Unwissenheit!

Ja, Florence wusste, was sie tat, als sie auf dem Drahtseil balancierte. Aber je näher sie der irdischen Atmosphäre kam, nicht nur psychologisch, sondern auch schwingungsmäßig, desto mehr vergaß sie, dass sie ihr Risiko frei gewählt hatte ...«

Der jüngste der drei Seelenführer hat mir gerade geantwortet. Ich sage, »der Jüngste«, weil das der Eindruck ist, den seine Gesichtszüge mir vermitteln. Ich weiß sehr wohl, dass hier an diesem Ort das äußere Erscheinungsbild nicht sehr aussagekräftig ist. Es weist nur darauf hin, wie es in einer Seele gerade aussieht.

»Gilt das für jeden? Ich meine ... gehen alle Wesen, die eine Abtreibung erleben, zwangsläufig denselben Weg wie Florence?«

»Hm ... Auf den ersten Blick ja, weil die feinstoffliche Biologie der Seelen immer identisch ist, tatsächlich aber ist jede Prüfung individuell und damit einzigartig.

Wir hatten eben vom Reisen gesprochen. Auf der Reise von A nach B gibt es keine zwei Männer oder zwei Frauen mit dem gleichen inneren Weg. Eine Reise führt nicht nur einfach durch eine Landschaft. Du weißt wohl, dass man sie mit einem mehr oder weniger schnellen und geeigneten Gefährt zurücklegen kann ... und mit mehr oder weniger schwerem Gepäck im Kofferraum.«

»Ganz zu schweigen von dem Geisteszustand, in dem die Reise unternommen wird und der unsere innere Landschaft gestaltet, denke ich.«

»Ganz recht. Nun, du verstehst, warum meine Antwort nicht eindeutig ist. Die Reise ist identisch, aber es gibt tausend verschiedene Arten, sie zurückzulegen, das heißt, sie zu akzeptieren oder abzulehnen.«

»Und das Leiden?«

»Auch das empfindet aus genau denselben Gründen jeder anders. Es wird immer Körper geben, die weniger schmerzempfindlich sind als andere, und Seelen, die sensibler sind als andere. Das

Ausmaß einer Prüfung ist tatsächlich rein subjektiv. Es schwankt je nach unserer Kraft, damit umzugehen.«

»Bin ich denn gut damit umgegangen?«, meldet sich jetzt Florence zu Wort und löst sich aus der liebevollen Umarmung ihres »Vaters«.

»Du hast diese Prüfung ... bewusst gemacht, das heißt, so schien es uns, mit einer sehr starken geistigen Verfassung und Klarheit, die dir einfach wehtun mussten.«

»Ich wollte verstehen und aufwachen ... Ich musste so schnell wie möglich da herauskommen ...«

»Genau das ist das menschliche Abenteuer, Florence! Wenn man schläft, versandet man unter dem Gewicht der Langeweile, aber sobald man beginnt, aus dem Dämmerschlaf zu erwachen, sich zu befreien und fortzufliegen, gerät man in einen Zwiespalt. Hast du schon einmal einen Samen keimen sehen, ohne dass seine Schutzhülle dabei aufbricht? Glaubst du etwa, dass die Lebenskraft, die ihn beseelt, so primitiv sie auch sein mag, nicht den Schmerz der Geburt kennt?

Jetzt hör zu ... Für die beiden, die deine Eltern hätten sein können, sind die Spielregeln nicht anders, da kannst du dir sicher sein! Pierre und Émilie stellten sich Fragen im Ausmaß ihres Bewusstseins und ihrer Empfindsamkeit. Ihr Schmerz kam aus ihrem Herzen und entsprach ihrem Begriffsvermögen.«

»Und worin liegt in all dem ihre Verantwortung?«

Zuerst erhält Florence nur ein Lächeln als Antwort, dann erklingt die geduldige Stimme erneut.

»Ihre Verantwortung? Natürlich entspricht sie dem Grad ihres Erwachens oder ihrer inneren Klarheit, wenn du so willst. Was ihre fehlende Liebe betrifft - das ist etwas anderes. Genau da liegt der Kern des Problems. Die Liebe, die man in sich trägt, kommt niemals aus der Kultur, in der man lebt, oder aus Informationen, die man erhält oder nicht. Sie ist ... anders. Du weißt ja, manchmal nennen wir sie das Barometer der Seele. Man kann sie nicht einfach wie ein Programm in die Hirnfunktionen des Wesens integrieren.

Aber davon einmal abgesehen ... ist da auch noch *deine* Verantwortung, Florence. Wir sprachen bereits davon. Die Grundlage einer Schwangerschaft wird von dreien gelegt. Es gibt die Begegnung der Eltern und ...«

»Es hätte auch eine andere Seele als meine sein können!«, unterbricht Florence ihn, wie um ihn herauszufordern.

»Das hätte sein können, ja! Es gibt Milliarden Bewusstseine, die irgendwo im Universum einen physischen Körper suchen. Das stimmt. Aber du hast sie alle überholt. Du hast sie alle disqualifiziert, einfach weil das, was du im Laufe der Zeit in deinem Inneren aufgeschrieben hast, erstaunlicherweise auf die unbeschriebenen Blätter im gemeinsamen Buch von Émilie und Pierre passte. Das ist die Wahrheit hinter eurem kurzen Wiedersehen und aller anderen, die geschrieben werden können. Zufall? Was das sein soll, wissen wir hier nicht!

Glaubst du etwa, dass es im rasenden Wettrennen unzähliger Spermien zu einer einzigartigen Eizelle den geringsten Platz für Zufälle gibt? Jeder weiß, dass nur *eines* sich durchsetzen kann, während die anderen sich erneut in den Ringelreihen des Lebens begeben. Warum dieses und kein anderes? Weil es im unendlich Kleinen wie Großen keine zwei identischen Lebensformen gibt. Es gibt reifere, liebevollere ... oder stärkere. Denke daran, Florence, dass selbst im innersten Inneren des Atoms Intelligenz nicht nur einfach ein Wort ist.«

Ich betrachte Florence, die darauf nichts mehr erwidert. Sie reagiert nur mit einem bejahenden kleinen Kopfnicken, und ich erkenne, dass ihr all das schon einmal erklärt worden ist.

Eine der beiden Seelenführerinnen ergreift jetzt das Wort. Ich erwarte, dass sie das Gesagte weiter ausführen wird, aber ... ihre Worte sind an mich gerichtet.

»Geburt, Abtreibung, Tod ... Alles veranschaulicht dasselbe Prinzip. Es sind Verwandlungen. Einige kommen zur geschätzten Zeit, andere vorschnell. Nur die Art und Weise, wie man fähig ist, sie zu erleben, verleiht ihnen eine mehr oder minder große Wirkung. So findet eine Seele in Geburt und Tod ihren Weg ... oder auch nicht, je nach dem Ausmaß ihrer inneren Klarheit.

Was die Liebe betrifft, hast du gesehen, dass sie bei Abreise und Ankunft der wahre Fährmann ist, das Zauberpulver, mit dem die Taschen des Reisenden gefüllt werden, um seinen Weg zu verbreitern. Wenn tatsächlich ein Drama existiert, dann nicht das Drama des Todes. Vielmehr liegt es darin, zwischen den Welten auf Abwege zu geraten.«

»Willst du mir damit sagen, dass Florence noch lange im Labyrinth ihres Schmerzes hätte umherirren können?«

»Florence nicht ... Ihre Seele ist erwachsen genug. Aber das passiert sehr vielen Wesen, die angehende Eltern nicht bei sich aufnehmen wollten. Sie werden Opfer ihrer Unreife. Ihr Weg zwischen den Welten ist dann genauso ungewiss wie ihr Verständnis des Lebens und dessen, was sie sind.

Natürlich weißt du auch, dass alles von dem Moment abhängt, wenn die Seele aus ihrem Fötus ausgestoßen wird ... Je mehr Zeit vergeht, desto größer ist der Schock. Das ist nur logisch, weil nicht nur die Psychologie des Wesens eine Rolle spielt.«

Mir liegt noch eine andere Frage auf dem Herzen. Ich muss sie sehr direkt stellen.

»Betrachtet ihr hier auf der anderen Seite des Vorhangs Abtreibungen als Mord?«

Florences drei Seelenführer blicken sich einen Moment lang an, bevor sie sich wieder an mich wenden. Ehrlich gesagt weiß ich gar nicht, welcher genau mir nun antwortet, so sehr ist ihre Aussage gebündelt, fast unpersönlich.

»Mord? Weißt du, in dieser Welt gibt es keine Richter. Es obliegt jedem Einzelnen, in der Tiefe seines Herzens zu entscheiden, ob er ein Mörder war oder nicht. Wesen wie wir haben allein die Aufgabe, jedem zu helfen, seinen inneren Dschungel zu lichten. Hebammen sind keine Totengräberinnen. Sie empfangen, was sich ihnen darbietet ... und sie lernen an dem, was das Leben ihnen in die Hände legt.

Wir verstehen allerdings, dass du dir eine genauere Antwort erhoffst, die, sagen wir ... weniger metaphysisch ist. Dann lass uns konkreter werden.

Jede Abtreibungsgeschichte ist wegen der äußerst komplexen zwischenmenschlichen Verbindungen einzigartig, aber es gibt große Schemata, die einen genaueren Blick verdienen und bewirken, dass hier niemals eine Pauschalantwort gegeben werden kann.

Denk einmal an schwere Missbildungen, denk an Vergewaltigungen ... Es geht hier nicht darum, in kindischer Weise dem Karma systematisch die Schuld dafür zu geben. Jedes Individuum bleibt in seinem Bewusstsein Herr über sich selbst, über das, was es sich zutraut zu erleben oder nicht. Über diese Entscheidungen zu urteilen und sie unwiderruflich zu verdammen, ist in unseren Augen primitives Verhalten.

Beachte vor allem eines: Wenn es darum geht, ein Urteil über ein Wesen zu fällen, ob dieser Prozess nun tatsächlich stattfindet oder einfach moralischer Natur ist, dann kann die abzulegende Prüfung sowohl den Richter als auch den Beschuldigten betreffen.

Hier leben wir in der Wirklichkeit der Seele. Es gibt keine Steckbriefe und folglich auch keine Hand, um Kästchen anzukreuzen. Jeder kann im Grunde seines Herzens am Ende selbst genau sehen, was er getan hat, warum und wie. Und ... ganz ehrlich: Dieses Warum und Wie ist oft wichtiger als die Tat selbst, denn es steht für das, was dem Bewusstsein in seine Tiefen hinein folgt und dort Licht oder Schatten sät.

Das, was das Herz erfüllt, ist das, was das Gedächtnis der Seele erfüllen wird. Wenn man dieses Prinzip verstanden hat, dann hat man vieles verstanden. Dann ist man weniger bereit, zu ächten oder harte Urteile auszusprechen.

Aber wo wir gerade dabei sind, über Mord und Verurteilung zu sprechen: Findest du nicht, dass du deine Fragen eigentlich auch an Florence richten müsstest?«

Die leicht schelmisch ausgesprochenen Worte verteilen die Karten am Tisch plötzlich neu. Rechts von mir hat Florence sich aufgerichtet. Ernst und konzentriert sitzt sie jetzt aufrecht neben ihrem Vater.

»Ja, Florence ...«, bemerkt dieser. »Das kannst du nicht leugnen. Zum Großteil wirst du bestimmen, wie die Geschichte weitergeht. Wir versuchen einfach, dir zu sagen, dass deine Betrachtungsweise am Ende entscheidend sein wird.

Die Frage ist ganz einfach: Wirst du tiefe Verbitterung gegen Pierre und Émilie hegen? Wenn du Schmerz in dir bewahrst, wenn du Wut zurückhältst oder grausame Gefühle unterdrückst, dann werden sie dir bei deiner nächsten Inkarnation begegnen. Glaube also nicht, dass die, die deine Eltern hätten sein können, dir gegenüber eine Schuld haben, und auch das Leben schuldet dir keine Wiedergutmachung.«

»Ja, ich weiß, das hat man mir schon hundertmal gesagt ... ›Traumata des Bewusstseins sind Verdauungsprobleme einer Seele, die nicht aus ihrer Opferrolle heraus will ...‹ Das ist mir klar, aber ...«

»Aber?«

Florence antwortet nicht. Ich sehe sie den Kopf senken, sie scheint sich in ihre innere Welt zu flüchten. Es ist ein bisschen so, als würde sie sich selbst täuschen und sich sagen: »Wir sind eben immer noch sehr menschlich hier auf dieser Seite des Spiegels!« Schließlich antwortet sie verdrossen:

»Aber ... Was du für mich sagst, gilt genauso für Émilie. Ich habe sie getroffen, weißt du? Wir haben geredet. Schmerz und vielleicht auch Wut bereitet sie sich selbst ... Ich brauche sie gar nicht zu verurteilen, sie tut es schon selbst! Sie hat geweint ...«

Diesmal antwortet ihr der jüngste Seelenführer.

»Hör zu, ihr innerstes Wesen und das, was sie darin bewahrt, gehören ihr, aber um echtes Karma zu weben, das an der Seele festklebt, braucht es immer mehrere, die sich um denselben Webstuhl versammeln. Sagen wir, die einen mit einem physischen Körper steuern einen Schussfaden für den Rahmen bei, die anderen auf der Rückseite des Bildes haben wie du die Freiheit, der Einladung zum Weben zu folgen oder nicht. Eine Verletzung nur auf einer Seite vergeht immer schneller als andere.

Du siehst also, nach einem Schock wie einer Abtreibung erweckt der Erste, der für sich selbst Frieden beschließt, diesen notwendigerweise auch im anderen. Wenn man aber zu lange wartet, ist das Gegengift schwieriger zu finden.

Es ist ganz einfach ... Émilie und du, ihr müsst weinen, wenn ihr das braucht. Es wäre schädlich, eure Tränen zurückzuhalten. Trauer muss ganz und gar durchlebt und abgebaut werden, um zu vergehen ... verstehst du? Das menschliche Wesen funktioniert manchmal wie diese Batterien, die man erst komplett entleeren muss, bevor man sie wieder neu mit Energie aufladen kann! Triff Émilie sooft du kannst, während sie schläft. Worte sind nicht nötig, umarmt euch und weint euch nötigenfalls gemeinsam die Augen aus!«

Plötzlich wendet sich Florences Seelenführer mir zu und vertraut mir an: »All das ist von grundlegender Bedeutung, daher wäre es unser Wunsch, dass du es wortgetreu wiedergibst ... Es ist höchste Zeit, neue Brücken zwischen den Welten zu schlagen. Der Grenzfluss dazwischen, den Angst und Vergessen erschaffen haben, ist viel leichter zu überbrücken, als man meint. Also gib das weiter ...

Wenn alle, die das Kommen eines Kindes abgelehnt haben, es eine Zeit lang im Schlaf leise besuchen würden, wie gut und heilsam wäre das! Du hast ja gesehen, Seelen kennen den Weg, über den sie sich begegnen können, sobald sie in einen anderen Bewusstseinszustand eintreten. Worte, Argumente oder Erklärungen sind dafür überhaupt nicht nötig. Man muss nur lernen, sich jenseits von Verurteilungen zu begegnen und auch jenseits aller ›Es hätte so oder so sein müssen‹ und ›Ich hätte dieses oder jenes tun müssen‹.

Jeder Betroffene, Frau und Mann, hat die Pflicht, allabendlich aus tiefstem Herzen solche Begegnungen einzuberufen, kurz bevor er einschläft.* Du weißt es ja ... Die Nacht ist nicht der Abgrund des Unbewussten oder des Dämmerschlafes, den man aus ihr macht. Sie ist Schauplatz einer anderen Handlung, die genauso wirklich ist wie die, die sich im Physischen abspielt. Ob das Vergessen seinen Vorhang davorzieht oder die inkarnierte Psyche sie verzerrt, ist dabei kaum von Bedeutung ... Wahrheit bleibt Wahrheit. Das Leben spielt sich auf mehreren Ebenen ab, und nur eine eindimensionale Wirklichkeit daraus zu machen, heißt, sich halbseitig gelähmt in einer Landschaft mit vernebeltem Horizont fortzubewegen.

Natürlich kann man solche Betrachtungen alle außen vor lassen und sein Leben auf Erden so führen, als ob man gefräßig und egoistisch eine Mahlzeit verspeisen würde, das heißt, indem man sich die besten Stücke heraussucht und sich danach die Hände wäscht. Das kann man so machen, und viele der derzeit Inkarnierten haben das so und nicht anders gelernt. Nur ist es so: Eine Mahlzeit dauert nicht ewig. Um den Vergleich mit Florence wieder zu bemühen, schlägt danach die Stunde der Verdauung.

---

* Siehe die entsprechende Übung am Ende dieses Buches.

Und dann ist jeder ganz allein. Natürlich kann man den Magen mit einer Pille beruhigen ... oder das Bewusstsein mit einer Beichte, aber wenn man nicht aufpasst, verstopft man sich mit dieser unbesonnenen Angewohnheit über kurz oder lang die Arterien.

Ja, die menschliche Seele kann sich selbst vergiften. Das muss gesagt werden, und es müssen auch die Gründe dafür erklärt werden. Deshalb haben wir Florence ermuntert, dich ihre Reise miterleben zu lassen.

Auf jeder Seite dessen, was Leben und Tod genannt wird, sind die Grundregeln dieselben. Das höchste Spiel lässt sie synchron und wechselseitig wirken ... Und das zu entdecken ist einfach wunderbar!«

Florence ist zu einem Sessel gegangen, während ich diese Worte vernommen habe. Erschöpft hat sie sich hineinsinken lassen. Wie müde sie aussieht in ihrem langen blauen Kleid, das mir fast zu groß für sie erscheint! Aber das ist sie wahrscheinlich auch nach dieser Hin- und Rückreise zwischen einem Bauch, den sie ideal für sich fand, und dieser Heimstatt, die das tiefste Streben ihrer Seele widerspiegelt.

Ein langes, friedvolles Schweigen ist in dem Raum unserer Zusammenkunft entstanden, und irgendetwas Zartes, Luftiges umhüllt uns. Ich könnte schwören, dass es von Florence kommt, die in ihrer Ecke mit zur Seite geneigtem Kopf langsam einschlummert.

Mit ihrem Atem legt diese Bühne ihrer Welt vorübergehend eine Spielpause ein ... Was bleibt mir da noch anderes zu tun, als wieder in meinem eigenen Körper zu erwachen?

4. Kapitel

Blessuren und Bekenntnisse

Ich weiß nicht, wie oft die Sonne seit meinem letzten Kontakt mit Florence aufgegangen ist ... Ich habe die Tage nicht gezählt. »Oben« wie »unten« braucht man eben manchmal einfach Schlaf und ein ruhiges Plätzchen.

Sogar zu Hause in ihrer geliebten Umgebung hat Florence das für sich beansprucht, und ich weiß, dass ich nicht der Einzige war, der sich zurücknahm, um ihren Rhythmus zu respektieren. Ihre Seelenführer und ihr Vater, ihre »Heimatseele«, sind nun wieder in einer anderen Welt ... auf anderen Frequenzen des Lebens.

Wenn ich heute wieder bei ihr bin, dann weil die feinstoffliche Verbindung, die sich gerade zwischen uns aufbaut, mir ein Zeichen gegeben hat, eine Art tiefe Intuition, dass der richtige Zeitpunkt gekommen ist.

Florence ist gereift, sie hat noch ein bisschen mehr zu sich selbst gefunden. Im Übrigen hat die Umgebung, in der sie mich jetzt empfängt, nichts mehr mit der unserer letzten Begegnung gemeinsam.

Wir befinden uns in einem Terrassengarten am Ufer eines Sees. Ich sehe lange Säulengänge, zwischen denen blühende Rosenstöcke stehen, außerdem große Steintreppen mit Kübeln, aus denen üppige Pflanzen sprießen. Es scheint, als hätten wir hier vor allem eine Begegnung mit der Sanftmut, und ich gebe zu, dass es verlockend wäre, die Anliegen einfach zu vergessen, derentwegen ich hergekommen bin.

Allerdings werde ich die Gründe nicht lange ignorieren können, die meinen Lichtkörper hierher geführt haben. Florence ist nicht allein ... Auf niedrigen Mauern und auf dem Boden sitzen um sie herum ein Dutzend Personen, sie plaudern miteinander und nehmen doch meine Ankunft aufmerksam zur Kenntnis. Offensichtlich sind es Freunde, eine Art Seelenfamilie wie so viele, die auf dieser Seite des Lebens entstehen ...

»Ich gehe meinen Weg gemeinsam mit Ihnen und versuche, alles zu integrieren, daher wollte ich Sie hierher führen ... Es wäre schade, wenn Sie nur mich als Zeugin hätten, denn meine Geschichte ist nur ein Beispiel von Millionen ... Ich habe begonnen, Türen für Sie zu öffnen, und habe diese Freunde hier versammelt. Jeder von ihnen hat Ihnen etwas anderes zu erzählen. Sie werden sehen, ihre Gedanken sind Schlüssel ...«

Mir bleibt nur, mich ebenfalls auf eines der Steinmäuerchen der Terrasse zu setzen und zuzuhören. Einem nach dem anderen begegne ich den Blicken der Anwesenden. Ich sehe unendlich alte Augen, aber auch andere, die jugendlich strahlen. Seltsamerweise halte ich mich gar nicht damit auf, dass einige weiblich oder männlich sind. Es sind Seelenblicke, und nur das berührt mich.

»Wissen Sie, warum Florence uns gerufen hat?«, fragt mich einer. »Ganz einfach. Genau wie sie wollen wir an einer Bewegung des Erwachens auf Erden mitwirken. Was wir erlebt haben, ist Thema einer großen Debatte, und wir wollen darin nicht stumm bleiben.

Hören Sie ... Meine Freunde und ich haben vor mehr oder weniger kurzer Zeit erfahren, was ihr manchmal diskret ›Schwangerschaftsabbruch aus eugenischen Gründen‹ nennt. Mit anderen Worten. Wir haben eine therapeutische Abtreibung erlebt. Zwar hat jeder von uns seine eigene Geschichte, aber dennoch können wir gemeinsam etwas bewirken. Deshalb haben wir uns hier versammelt. Zunächst einmal: Glauben Sie nicht, dass wir so, wie Sie uns hier sehen, aus der Prüfung kamen, die eine Abtreibung ungeachtet ihrer Gründe immer ist. Auch wir sind durch innere Labyrinthe gegangen, erlebten Angst, Einsamkeit und Schmerz, bevor wir uns von innen heraus wieder aufbauten, indem wir unsere Identität wieder zusammensetzten. Aber das wissen Sie ja alles schon von Florence. Sie haben verstanden, dass jeder dem Grad seines Bewusstseins, seiner Aufmerksamkeit und seines Willens entsprechend aus dieser Seite des Lebens hervortritt.

Die Aufgabe, die wir uns gestellt haben, ist, Ihnen das Warum und Wie begreiflich zu machen, was uns dazu geführt hat, in einen Embryo und dann in einen Fötus mit einer schweren Behinderung einzutreten.«

»Ja, warum? Man nennt das genetischen Zufall, verweist auf die ›Missgeschicke‹ der Natur und natürlich die Wirkung von Chemikalien auf den Körper. Aber damit kratzt man nur an der Oberfläche des Problems. Die wahre Frage ist wirklich: ›Was bewirkt, dass eine Seele Besitz von einem stark missgebildeten Körper nimmt und sich somit von Beginn an dem Tod durch Abtreibung aussetzt?‹ Ist unter euch einer, der sich das nicht bewusst gemacht hat, bevor er begann, sich zu inkarnieren?«

»Oh! Es ist alles möglich ...«, antwortet eine Präsenz widerstrebend; sie scheint noch jung zu sein und lehnt an einer der vielen Säulen der Terrasse. »Wenn wir mit dem Hinabsteigen in einen Körper beginnen, aber unsere Seele noch unreif und somit empfindungslos ist ... merken wir gar nichts. Wir erleben einfach das Phänomen, nichts weiter. Aber das hat nichts mit uns hier zu tun. Es ist unsere innere Klarheit, durch die wir es bewusst erleben ...

genauso wie diese Klarheit in uns auch das Gefühl des Leidens hervorgerufen hat. In jedem Fall war es eine Initiation! Eine sehr schmale Tür, durch die wir gehen mussten ...«

»Und durch die ihr andere Wesen irgendwo auf der Erde führen musstet ...«

»Ja ... Es hängt alles zusammen. Es wird nicht ausgewürfelt, wer welche Rolle bekommt. Die Rollenverteilung erfolgt nach den Gesetzen einer Struktur, die unendlich tiefgründiger ist, als man meint. Also geben Sie dies weiter: Die Genetik ist in dieser Struktur nur das letzte Glied, durch das eine notwendige Inkarnation stattfindet.«

»Also wussten Sie alle hier schon im Voraus, dass für Ihren Körper eine schwere Missbildung ... sozusagen vorprogrammiert war und Ihre Mutter sich weigern würde, das Kind auszutragen?«

»Wir kannten die Art unserer Behinderung ... Unsere Abtreibung selbst war nur eine Wahrscheinlichkeit. Eine der großartigen Eigenschaften des menschlichen Geistes ist seine Freiheit, das heißt seine Unvorhersehbarkeit!«

In unserer kleinen Versammlung werden lebhafte Blicke ausgetauscht. Florence hat sich etwas zurückgezogen und sich dem See mit seinem bergigen Horizont zugewandt. Man könnte meinen, sie sei abwesend und einfach nur zufrieden, dass sie diese Begegnung in die Wege geleitet hat, aber ich kenne sie inzwischen gut genug, um zu wissen, dass sie jedes Wort mitbekommt.

»Waren Sie also in der Nähe eines Embryos oder auch schon im Inneren eines missgebildeten Fötus die ganze Zeit über in Angst?«

Ich sehe, dass jeder mir gerne antworten würde, aber diesmal ergreift eine männliche Präsenz das Wort vor den anderen.

»Nicht unbedingt ... Ich für meinen Teil fühlte mich sogar unglaublich gelassen. Wissen Sie, solange wir eine bewusste Verbindung zur wahren Heimstatt unserer Seele haben, können bevorstehende Prüfungen für uns ganz anders aussehen.

Meine Behinderung war psychisch. Nach meiner Inkarnation wäre sie mir nicht mehr bewusst gewesen. Ich hätte ein sehr eingeschränktes Leben geführt, hätte meine Wirklichkeit und mein wahres Leben in meinen Traumwelten gefunden. Ansonsten wäre ich immer nur ein träges Kleinkind gewesen, das sich an seine Eltern geklammert hätte.

Die Prüfung, müssen Sie verstehen, wäre eigentlich nicht für mich gewesen, sondern für diejenigen, die mich bei sich aufnehmen und sich um mich kümmern sollten. Ich war der Test und das Fragezeichen, das die Lebensintelligenz ihnen in den Weg stellte. Einen Halbschlaf auf der Erde zu akzeptieren, fand ich eigentlich gar nicht so schlimm. Zumindest nicht für mich.

Angst? Nein ... Nein, bis auf den Moment meiner Abtreibung. Die erfolgte ... rein technisch, desinfiziert, ohne Gefühle oder Liebe. Das machte mir sehr wohl zu schaffen. Für die, die meine Ankunft abgelehnt hatten, und auch für die, die meine Abreise medizinisch ausgelöst hatten, war ich keine Seele, sondern nur ein Häufchen absonderliches Fleisch und Blut. Aber ich war stark und stieg schnell wieder an die Oberfläche, ohne mich dagegen aufzulehnen.

Allerdings kenne ich weniger Stabile als mich, die unter gleichen Bedingungen zutiefst in ihrem Herzen verletzt wurden, weil ihnen liebevolle Worte fehlten. Ich weiß, dass sie bei ihrer nächsten Ankunft auf der Erde ein schweres Gefühlsdefizit mit sich herumtragen werden. Eine Angst, einen Mangel, den man mit ›gesundem Menschenverstand‹ nicht wird erklären können.

Nochmals: Es gibt wirklich keine allgemeingültige Regel. Das menschliche Wesen ist nicht einförmig, es gibt Millionen von Sprossen auf der Leiter seiner körperlichen und gefühlsmäßigen Wirklichkeit.«

»Ich wurde sehr verletzt ...«

Die Bemerkung kommt von einer Präsenz mit dem Aussehen eines etwa zehnjährigen Mädchens. Sie ist so unauffällig in ihrem kleinen gelben Kleid, dass ich sie kaum bemerkt habe.

»Ich wurde sehr verletzt, weil meine Behinderung gar nicht so schwerwiegend war ... Mir fehlte nur der linke Arm. Ich hätte so gut leben können, wissen Sie. Ich hätte sogar so leben sollen. Meine Seele hatte etwas zu lernen – Geduld, Toleranz und Mitgefühl. Es wäre nicht einfach gewesen, aber ich hatte es so gewählt ... Ich wollte diese Eigenschaften in mir weiterentwickeln.«

»Kannst du mir noch mehr darüber sagen?«

»Oh, meine Geschichte ist nicht kompliziert ... Ich habe einmal eine Existenz geführt, in der ich mich sehr hart, intolerant und sogar geringschätzig gegenüber Menschen verhielt, die Schönheitsfehler oder Anomalien hatten. Ich weiß nicht, wie ich es sagen soll ... Für mich war das etwas Abscheuliches, etwas, das mir Angst machte ... als ob die Behinderung eines Körpers ein Schandfleck der Seele oder etwas Ansteckendes sei.

Die einzige Möglichkeit, um mich von dieser dummen und lieblosen Einstellung zu heilen, war es zu akzeptieren, mich in einem teilweise missgebildeten Körper zu inkarnieren. Mitgefühl kommt von innen, wissen Sie ... Man darf es nicht als Geschenk des Himmels betrachten, das uns eines Tages einfach so zufliegt! Ich habe begriffen, dass wir uns, damit es in uns wächst, auch die entsprechenden Fähigkeiten aneignen müssen, das heißt, unseren Panzer abzulegen und zu lernen zu fühlen, was der andere fühlt.

Aber schließen Sie daraus jetzt nicht, dass alle ohne einen Arm oder ein Bein dieselbe Geschichte haben wie ich! Nein, ich wollte Ihnen nur über meine Erfahrung berichten, weil sie wirklich schmerzvoll war und zum Nachdenken anregen sollte.

Ich wollte einfach leben! Als meine Eltern nach dem medizinischen Befund beschlossen, mich nicht zu sich kommen zu lassen, erlebte ich das wie ein persönliches Scheitern. Eine Ablehnung, die umso stärker war, da sie genau wussten, dass da ›jemand‹ in diesem Fötus war.«

»Sie fühlten sich nicht stark genug oder dem nicht gewachsen, woran sie glaubten?«

»Nein, eigentlich nicht ... Sie wollten jemanden, der in jeder Hinsicht perfekt war. Jemanden, der genau ihren Wünschen entsprach ... das heißt ihrer Konditionierung. In ihrem nordamerikanischen Umfeld ist eine untadelige Fassade Pflicht; sie hätten meine Behinderung als Schande oder als Zeichen für einen persönlichen Mangel empfunden.

Sie verstanden es einfach nicht ... Sie begriffen nicht, dass sie nicht glaubten, woran sie glaubten. Jedes Wochenende gingen sie in die Kirche. Sie beteten um Vergebung, aber das ist auch schon alles. Sie beteten fromm zu einem Gott in Pastellfarben. Was mich betrifft, haben sie meinen Namen ziemlich schnell aus ihrem Gedächtnis gestrichen. Es gibt einfach solche Leute, die die außergewöhnliche Fähigkeit haben, allem, was sie verunsichert, einfach keinen Platz einzuräumen.«

Das kleine zehnjährige Mädchen, das gerade gesprochen hat, hat dies mit einer Bitterkeit getan, die mich überrascht, weil sie einfach nicht zu der Heiterkeit dieser Gärten passen will. Ich muss mehr darüber erfahren.

»Du warst dir also wirklich sicher, dass deine Eltern dich unter diesen Bedingungen haben wollten? Irgendwie erstaunt mich das ...«

Es folgt ein langes Schweigen. Hier und da fliegt mir ein Lächeln zu, dann schließlich antwortet mir meine Gesprächspartnerin.

»Ich bin nicht hier, um zu schummeln«, sagt sie. »Wenn ich ... hierherkommen wollte, um Sie zu treffen, dann, um ehrlich zu sein. In Wahrheit wollte nämlich auch ich die perfekte Familie haben. Adrett, gebildet, unbescholten ... und gläubig. Ich dachte, es würde mir mehr Chancen eröffnen und wäre ein Ausgleich ...

für meinen fehlenden Arm. Meine Seelenführer haben mich einfach machen lassen. Ich war mir meiner Sache so sicher!«

»Vielleicht hast du auf diese Weise alte Bande mit denen geknüpft, die dich bei sich aufnehmen sollten?«

»Nein ... Ich glaubte, es wäre besser so, da es auf keiner Seite eine karmische Schuld gab und es damit einfacher gewesen wäre, eine ganz neue Geschichte anzufangen.

Aber genau da habe ich mich geirrt. Ich hielt mich für erwachsener, als ich es war. Da können Sie von mir aus lächeln, das kränkt mich nicht. Als ich mir dessen bewusst wurde, legte ich mir nach meiner Rückkehr hierher spontan den Körper eines Kindes zu. Ich kann mir mich selbst nur noch so vorstellen. Irgendwie finde ich es friedlicher, beruhigender. Ich brauche dieses Gefühl, bis meine Wunde wieder richtig geheilt ist.

Also, so sieht es aus ... Ich trage meinen Teil an Verantwortung für das, was passiert ist.«

Bei diesen Worten, die sich plötzlich fast wie ein schmerzhaftes Geständnis anhören, wendet Florence sich uns wieder zu und bricht ihr Schweigen.

»Aber Suzie«, sagt sie leicht aufgebracht, »hast du gar nicht versucht, deine künftigen Eltern in ihrem Schlaf zu besuchen? Wir tun das alle sooft wie möglich, sobald ihr Bewusstsein ihren Körper verlässt!«

»Natürlich habe ich das getan ... Theoretisch waren ja auch beide mit mir einverstanden. Sie verstanden diese Geburt als Chance auf ihrem gemeinsamen Weg. Sie sahen sie als eine Art Prüfung, um Mitgefühl in ihnen zu wecken und sie zu lehren, falsche Denkmuster zu durchbrechen. In unseren kurzen Begegnungen stimmten sie darin mit mir überein.«

»Konntet ihr nie lange miteinander sprechen?«

»Um die Wahrheit zu sagen, gab es keine wirklich stabile Brücke zwischen uns. Wir schafften es nicht, uns gegenseitig ganz zu vertrauen. Du weißt doch selbst gut, wie das ist ... Wir waren wie Farben, die nicht ganz zueinander passen. Tatsächlich sehe ich jetzt, dass jeder versucht hat, eine Art Vertrag mit dem anderen zu schließen, wie um einer Notwendigkeit nachzukommen, um sich weiterzuentwickeln. Aber so darf das alles nicht ablaufen ... Muss ich wirklich noch sagen, was uns fehlte?

Jedenfalls bemerkte ich, dass sie morgens, wenn sie erwachten, keinerlei Erinnerung mehr an unsere besonderen gemeinsamen Momente hatten. Noch nicht einmal den Funken eines Blickes oder das Gefühl, *etwas anderes* erlebt zu haben.

Ihr wisst alle, dass es solche Leute gibt. Sie haben irgendwie eine beeindruckende Distanz zwischen ihre alltägliche Wirklichkeit, ihre gesellschaftliche Rolle und ihre tiefste Seele gebracht. Die einzelnen Ebenen ihres Wesens sind nicht - oder fast nicht - durchlässig. Und das hat nichts mit ihrer Kultur zu tun oder damit, woran sie glauben! Es ist eine Art ... innere Lackierung, die nicht rissig werden kann, wahrscheinlich aus Angst und als Schutz. Ich habe das nicht rechtzeitig begriffen, deshalb musste ich mir die Finger verbrennen ...

Aber wissen Sie«, fügt Suzie hinzu und traut sich endlich, mich direkt anzusprechen, »das ist vielleicht auch besser so. Es gibt so viele Kinder, die mitten in Befindlichkeiten hineingeboren werden, die ihnen gar nicht entsprechen!«

»Denkst du, dass sich darauf die Unvereinbarkeiten zurückführen lassen, die manchmal zwischen Kindern und einem Elternteil oder gar beiden Eltern bestehen?«

»Oh, ich bin nur eine Seele, die lernt, und kann Ihnen nur nach meinem Kenntnisstand antworten ... Ich denke, dass es teilweise darauf zurückzuführen ist, ja. Alte Streitigkeiten, die man von einem Leben ins nächste trägt, spielen natürlich eine Rolle, aber auch mangelnde Aufgeschlossenheit zwischen den Seelen, die sich gerade erst kennenlernen sollen. Deshalb ist es unsinnig, irgendein Urteil zu fällen oder Verhaltensweisen oder Situationen kategorisch abzustempeln. Es gibt so viele Szenarien, wie es menschliche Wesen gibt.

Wenn wir uns gegenseitig Leid zufügen, dann deshalb, weil wir alle etwas zu lernen haben. Ich taste mich irgendwie voran ... Aber das Schlimmste ist, wenn man nicht einsehen will, dass man sich irgendwie vorantastet, ob auf der einen oder der anderen Seite des großen Vorhangs. Das Schlimmste sind die freiwillige Blindheit und Taubheit, die manche sich als Lebensgrundlage wählen.«

»Also hast du es geschafft, deine Eltern nicht zu verurteilen, Suzie?«, unterbricht Florence sie wieder.

»Sagen wir, das ist das Ideal, das ich zu erreichen versuche. Ich glaube, bis jetzt gelingt es mir nur verstandesmäßig, ihre Angst vor meiner Missbildung zu verstehen. Sie hatten ja schon einen kleinen fünfjährigen Jungen, der dermaßen perfekt war! Ich hätte die ganze Harmonie der Familie zerstört ...

Meine Frage ist: ›Was hätte ich an ihrer Stelle getan?‹ Ich beginne gerade erst zu erkennen, dass man direkt vor dem Hindernis die Chance hat, sich mit den eigenen Grenzen auseinanderzusetzen. Ansonsten kann sogar unser Herz sich selbst anlügen!

Für viele von uns ist Liebe immer noch ein viel zu unklarer Begriff. Wir können uns vormachen, dass sie tief in uns verwurzelt ist, gut behütet von großen Prinzipien, während sie in Wirklichkeit nur an der Oberfläche dümpelt.«

Die Ansprache der »kleinen« Suzie hat unleugbar einen melancholischen Schleier über unsere Versammlung gelegt. Über dem See hat sich der Himmel blasslila verfärbt, die steinernen Säulengänge haben ihren Glanz verloren. Es fällt mir besonders auf, weil unser Gespräch plötzlich abgebrochen ist. Alle haben sich in etwas geflüchtet, was mir wie ein Atemstillstand der Seele vorkommt. In allen sind persönliche Erinnerungen und genauso viele alte Fragen wieder hochgekommen, und das schlägt sich unvermeidlich in der Struktur ihrer Welt nieder.

Wieder einmal muss ich feststellen, dass die Welt, in die mich Florence geführt hat, unserer wirklich sehr ähnelt, nur unsere Gedanken haben dort einfach mehr Macht. Sie erschaffen die unmittelbare Wirklichkeit oder machen sie wieder rückgängig. Ich bin in eine Bewusstseinssphäre eingeladen worden, in der man versucht, den Sinn von Prüfungen zu verstehen, und in der man so weit erwacht ist, dass man hoffen kann, noch weiter zu erwachen. Ich möchte sagen, es ist eine Art sanftes »Fegefeuer«, das nicht *für*, sondern *von* Seelen erschaffen wurde, die sich in ihrer Empfindsamkeit gleichen.

Wird das alles also gleich vor meinen Augen verschwinden, oder werde ich daraus vertrieben und jäh wieder in meinen Körper zurückgeworfen? Alles scheint mir möglich. Aber in mir stapeln sich immer noch die Fragen ... Vielleicht sind sie es ja, die mich immer noch bei Florence, Suzie und den anderen festhalten ... Ohne weiter abzuwarten, breche ich das Schweigen.

»Eines überrascht mich ... Offensichtlich kommen Sie hier alle aus der westlichen Welt. Sie kommen alle aus derselben Gesellschaft, deshalb die ›therapeutische Abtreibung‹. Ohne die Diagnose Ihrer Missbildungen wären Sie geboren worden ... Also hat die Medizintechnologie alles durcheinandergebracht, sogar hier auf dieser Seite. Finden Sie, dass das etwas Gutes für die hintergründige Organisation des Lebens ist?«

Ich habe meinen Satz kaum beendet, als ein blasser Mann mit hellen Augen das Wort ergreift. Er ist der Einzige, der auf einem Stuhl sitzt, einem Korbsessel, so wie man sie in Wintergärten findet.

»Hören Sie«, sagt er zu mir, »ich war im 19. Jahrhundert Arzt in Großbritannien. Wir hatten nichts oder nur sehr wenig! Ich habe viel über das Problem nachgedacht, das Sie gerade ansprechen.

Ich habe Dramen miterlebt und manchmal Wesen auf die Welt gebracht, die ... sehr anstrengend für ihre Eltern waren. Heute, nach allem, was ich erlebt habe, und den Überlegungen zusammen mit meinen Seelenführern, habe ich begriffen, dass wir auch durch unsere Willensfreiheit wachsen. Die Entscheidungen, denen ein Bewusstsein sich stellen muss, ermöglichen es ihm, sich weiterzuentwickeln.

Wissen Sie, man kann natürlich sagen, dass es weise ist, die Beschlüsse der Natur stillschweigend und ohne zu fragen zu befolgen ... Aber man kann es auch so sehen, dass die Lebensintelligenz uns zu einem bestimmten Zeitpunkt unserer Entwicklung die Möglichkeit gibt, bis zu einem gewissen Grad unsere Zukunft selbst in die Hand zu nehmen. Für mich geht es nicht darum, die Naturgesetze zu durchkreuzen oder sich gegen die ... göttlichen Vorgaben zu wenden, sondern darum zu erkennen, inwiefern die Möglichkeit besteht, unsere Willensfreiheit zu nutzen, die ein wichtiger Schritt in unserer Weiterentwicklung ist. Ich glaube, es ergibt Sinn, dass sich unsere Beziehung zum Leben verändert.

Ja, nach meinem Verständnis ist es etwas Gutes, einen Fötus vor seiner Geburt medizinisch untersuchen zu können. Es ist etwas Gutes, sich die richtigen Fragen stellen zu können, was den Sinn und Zweck einer Prüfung betrifft, die vor uns liegt.

Ich glaube auch, dass uns keine Entscheidung abgenommen wird. Es sind Prüfungen der Wahrheit. Nicht nur, was das Herz betrifft, sondern auch die einfache innere Klarheit, Logik oder Willensstärke. Aber glauben Sie mir, die Antworten können immer nur individuell sein, weil keine Lebensgeschichte der anderen gleicht.

Manche geben vor, es würde reichen, vorbehaltlos zu lieben, um ein körperlich oder geistig schwerbehindertes Wesen bei sich aufnehmen zu können. Ich bin mir da nicht so sicher ... Man braucht auch körperliche Stärke und moralische Festigkeit. Aber auch die nötigen materiellen Mittel kann man nicht verleugnen. Braucht man etwa keine, wenn man dem Wesen ein anständiges Leben bieten will, das man gegen alle Widrigkeiten bei sich aufnehmen will? Ich habe gesehen, wie Paare und ganze Familien auseinanderbrachen, weil sie ihre Kräfte überschätzt oder sich einem religiösen Dogma nicht gestellt haben.

Jetzt werden Sie mir sagen, dass ihr Auseinanderbrechen wahrscheinlich Teil ihres Karmas war. Auch da bin ich mir nicht so sicher! Karma entsteht in jedem Augenblick neu. Je mehr man als klar denkendes, eigenständiges Wesen handelt, desto weniger Last bürdet man sich auf. Leiden ist weder Ziel noch Schicksal!

Ich wollte selbst erfahren, was Abtreibung bedeutet. Ich dachte, das sei meine Aufgabe als Arzt ... Ich hätte das Down-Syndrom gehabt, wenn ich vor ... einigen Jahren meine Inkarnation abgeschlossen hätte. Ich wusste genau, dass man meine Ankunft ablehnen würde, aber was ich nicht wusste, war das *wahre* Warum. Schmerzlich ist der mangelnde Respekt für den Fötus, dem man das Leben nimmt.

Als die Abtreibung an der Frau, die mir als Mutter dienen sollte, durchgeführt worden war, sah ich ›mich‹ als kleinen, blutigen Fleischklumpen in einem Metallbehälter liegen. Für die Anwesenden im Operationssaal war ich gar nichts, nichts weiter als etwas Unförmiges, das niemals eine Seele gehabt hatte.

Aber ich sage Ihnen: Meine Seele, mein ganzes Bewusstsein, war sehr wohl im Operationssaal. Sie war da – wie ein aufgerissenes, leidendes Auge, das beobachtete und sich gleichzeitig fragte, warum ... Nicht warum so wenig Liebe, sondern warum *überhaupt keine Liebe*! Es war nicht der Eingriff selbst, der mir so wehtat, sondern vielmehr die Kälte, mit der er beschlossen und dann ausgeführt wurde. Nichts weiter zu sein als eine Blase oder Geschwulst, die es zu entfernen gilt, ist eine Erkenntnis, die ein Herz wirklich dazu bringen kann, nicht mehr zu schlagen!

Aber wissen Sie, trotz allem glaube ich, dass niemand andere zu belehren hat! Wirklich niemand! Außerdem weiß ich aus Erfahrung, dass jemand, der sich anschickt, einen missgebildeten kleinen Körper zu bewohnen, vieles verstehen und akzeptieren kann, wenn man liebevoll mit ihm spricht, das heißt, wenn man ihm seine Existenz und Anwesenheit zuerkennt, so wie es ihm zusteht.

Mir ist klar, dass ich Ihnen mit meinen Ausführungen hier keine großartige Offenbarung liefern kann. Allerdings muss nicht immer alles großartig, lautstark, spektakulär oder kompliziert sein, um eine Bedeutung zu haben. Das Bedürfnis zu lieben und geliebt zu werden, ist sicher das grundlegendste Prinzip, das allen Lebensformen gemeinsam ist ...

Es wäre an der Zeit, die Seele nicht mehr als einfaches philosophisches Konzept oder religiöses Argument zu sehen. Mit dieser Betrachtungsweise bleibt sie immer etwas Diffuses und eignet sich nur für intellektuelle oder dogmatische Spitzfindigkeiten.

Es gibt eine Biologie des Feinstofflichen, und an dieser Biologie ist nichts Zweitrangiges. Sie existiert vor der anderen! Ohne Seele gäbe es kein Fleisch und Blut, verstehen Sie? Und wenn die Seele kein Fleisch und Blut hätte, um sich daran zu messen, dann ... würde sie sich nicht weiterentwickeln! Das ist die Verbundenheit zwischen den Welten, das ist ihre gegenseitige Ergänzung, ihre ständige Wechselwirkung! Das ist so etwas Schönes!«

Der Mann mit dem hellen Blick hat die Atmosphäre auf unserer Terrasse verwandelt. Nach seinen Worten zeigt sich ein beifälliges Lächeln auf den Gesichtern der Anwesenden. Der Himmel unserer gemeinsamen Gedanken heitert sich auf, und mir scheint es, als würden die Rosen ganz neu in ihrem Spiel der Umarmung zwischen den Säulen erblühen.

Links von mir bemerke ich eine fast überschäumende Florence. Sie will etwas mitteilen, sie will das Gesagte noch weiter ausführen und ich habe das Gefühl, dass der Klang ihrer Stimme bereits in mir widerhallt, obwohl sie noch gar nichts gesagt hat. Muss sie nur noch ihre Lippen bewegen, um uns ihr Herz auszuschütten? Nein, erkenne ich, denn ich fühle eine Art sofortiger Verschmelzung mit ihren Gedanken ...

»Oh, bitte hören Sie mir zu ... Es sind Worte gefallen und Unmengen von Ideen geäußert worden, über die wir nicht einfach so hinweggehen können! Ich will hier nicht so schnell einfach einen Schlussstrich ziehen ... In den bisherigen Äußerungen waren Anspielungen auf die Last religiöser Dogmen, und ich möchte Ihnen sagen, dass wir auch da alles durcheinanderwerfen. Ich möchte Sie Folgendes fragen:

Was bewirkt, dass wir, nachdem wir uns inkarniert haben, Kinder haben möchten oder nicht? Was bewirkt, dass wir uns in eine bestimmte Richtung wenden und versuchen, unsere Nachkommenschaft in eine bestimmte Richtung zu lenken?

Ist es unser Herz, oder sind es die vielen Schichten unserer übernommenen und dann erlebten Glaubenssätze? Sind unsere Pläne und unsere Verhaltensweisen zu ihrer Umsetzung tatsächlich unsere oder einfach nur die der Gemeinschaft, in die wir uns hineingeboren haben?

Diesen Fragestellungen liegen keine philosophischen Spekulationen zugrunde, sondern der Durst nach reiner Wahrheit angesichts unserer starren religiösen und sonstigen Konditionierungen. Sobald man aufrecht im Strom des Lebens steht, begreift man, dass er sich nicht durch Dogmen oder Glaubenssätze schlängelt, sondern ganz woanders verläuft! Das Leben pfeift auf die Scheingründe der Religiosität, weil das Leben Geist ist, und der Geist nimmt niemandes Farbe an.

Würde man doch nicht mehr sagen, dass man Abtreibungen im Namen dieser oder jener Religion akzeptiert oder ablehnt, würde man doch nie mehr verkünden: ›Das ist verboten, weil es Sünde ist ...‹

Die Macht, die manche Gott nennen, gehört nicht für alle derselben Kultur oder Rasse an! Wie also könnte man ihm dann Worte und Vorschriften je nach unserer wechselnden Moral in den Mund legen? Was ich Gott nenne, ist zunächst einmal der gesunde Menschenverstand, der im Schönsten unseres Herzens lebt und den wir ab und zu mutig nicht unterdrücken.

Deshalb werde ich nur eines verlangen, wenn die Zeit für mich gekommen ist, um wieder einen physischen Körper anzunehmen. Egal, ob meine Eltern meine Ankunft akzeptieren oder nicht, zuallererst werde ich erwarten, dass sie es vollkommen bewusst tun, mit voller Verantwortung, mit Respekt und mit aller Liebe, zu der sie fähig sind ... und nicht, weil sie ›etwas‹ gehorchen, worauf sie keinen Einfluss haben und das Dogma oder Gesetz genannt wird. Ich werde zum Leben beten, dass sie mit mir reden und dass sie, wie auch immer ihre Entscheidung ausfallen wird, mir ihr Herz ausschütten.«

An ihre Steinsäule gelehnt, lenkt jetzt wieder die kleine Suzie meine Aufmerksamkeit auf sich. Bei Florences Äußerungen hat ihr Gesicht aufgeleuchtet, ihr Blick ist ganz wach geworden. Schon erhebt sich wieder ihre Stimme über die zerstreuten Gedanken der Versammlung.

»Wissen Sie, was ich Ihnen gerne erzählen würde? Ich würde Ihnen gerne von einer alten Erinnerung berichten ... Eine dieser Erinnerungen, die uns noch anhängen wie Geschichten aus Büchern, die wir einmal gelesen haben.

Es geht nicht um ein Leben, an das ich mich detailliert erinnere, nein ... eher um eine schreckliche Erfahrung, in die ich zwischen zwei irdischen Leben geraten bin. So fing alles an ...

Vor einigen Jahrhunderten war ich Mitglied einer sehr strengen und verschlossenen Kirche. Mein Leben als Frau war in Bezug auf mein Verhalten und meine sozialen Beziehungen bis ins kleinste Detail vorgeschrieben. Mein Körper und mein Bewusstsein waren gewissermaßen eingefahren. Im Namen des Gottes, an den wir glaubten, war dies zu tun und jenes zu lassen. Wir gehorchtem einem Credo, einem Glauben, und nichts anderes hatte auch nur die geringste Chance, wahr oder licht zu sein. Ich sehe Sie lächeln ... aber solche Dinge sind sehr heimtückisch.

Konditionierungen haben es nämlich an sich, sich allmählich und daher unmerklich festzusetzen ... Was ist dann erst mit der, die man schon bei der Geburt erhält?

Was mich betrifft, war mir von meinen Seelenführern ein strenger Lebensweg als nächstliegende Lösung vorgeschlagen worden, um eine zu zerstreute und ausschweifende Persönlichkeit wieder in ihre Mitte zu führen. Gewissermaßen etwas Schlechtes für einen guten Zweck.

Mein Leben verlief also so, wie es sich gehörte, mit Scheuklappenblick, ständig verurteilend, was nicht unserer Denkweise entsprach. Mit meiner Verblendung trieb ich es allerdings sehr weit, weil ich viele Male daran mitwirkte, Frauen aus unserer Gemeinschaft zu verbannen, die abgetrieben oder ein uneheliches Kind zur Welt gebracht hatten. Für mich lag darin eine unwiderrufliche Logik, da Gott selbst uns ja den wahren, unumstößlichen Blick auf die Ordnung aller Dinge geschenkt hatte.

Natürlich kam irgendwann der Tag, an dem ich die andere Seite des Vorhangs betreten musste. Und dort holten meine Gespenster mich dann auch ein. Oh, Sie kennen das ja alle selbst gut ... Nur weil man stirbt, sieht man nicht plötzlich alles klar. Im Gegenteil, wir laufen ja erst einmal eine ganze Weile mit Scheuklappen herum. Bis dahin läuft gewissermaßen alles weiter gut, da unsere Umgebung ja mehr denn je unsere Begrenzungen widerspiegelt.

Aber die Stunde des Erwachens kommt immer, für mich in Form einer Begegnung mit dem Leiden, das ich durch meine schrecklichen Verurteilungen gesät hatte. Ich musste in das Meer des Schmerzes der Frauen eintauchen, die ich verflucht hatte, und dann in das der Föten oder Babys, die ich den Flammen der Hölle geweiht hatte.

Ich sage es Ihnen ... Ich erlitt ihre Ängste, ihre Einsamkeit und ihre Not, eine nach der anderen, direkt aus erster Hand. Ich lernte das geistige Gefängnis kennen, das ich ihnen mit aufgezwungen hatte. Es war meine ganz persönliche Hölle, wie Sie sich sicher vorstellen können.

Irgendwann erleidet man immer auch selbst das Leid, mit dem man die Herzen anderer gequält hat. Ich brauchte das, um endlich den Sinn des Wortes Mitgefühl zu begreifen. Ich brauchte es auch, um zuzugeben, dass es nicht ›irgendwo‹ einen Gott gab, der mir gehörte und der gute oder schlechte Noten verteilte. Wenn es einen Gott gibt – was ich glaube –, dann weiß ich jetzt, dass er uns das mächtigste Geschenk gemacht hat, das es gibt: uns unsere Hölle oder unser Paradies selbst zu erschaffen.

Verurteilungen – nein ... nie mehr. Und um diese großartige Offenbarung besser in mir selbst zu verankern, die mir im letzten Augenblick zwischen zwei irdischen Leben zuteil wurde, erhielt ich die Möglichkeit, mich schnell wieder zu inkarnieren. Ich arbeitete in einem afrikanischen Land als Untergebene in einer Mission. Zwar konnte ich die Schönheit der Unterschiede noch nicht begreifen, aber ich öffnete meine Arme und beteiligte mich an der Adoption zahlreicher Kinder. Neben dem, was ich bewusst erkannte, lernte ich vor allem, das Leben zu segnen, egal wie der Weg aussah, den es nahm, und ohne genau zu wissen, woher es kam. Es war das Leben, und ich musste es nicht unbedingt mit den Farben schmücken, die mir am besten gefielen.

So ... Jetzt werden Sie mir vielleicht sagen, dass Sie mich eigentlich hierhin eingeladen hatten, um von meiner Abtreibung zu berichten und nicht von etwas anderem. Das stimmt ... Aber ich habe Ihnen von einem Leben erzählt, das man zwischen

Scheuklappen presst, gering schätzt und dann mit Verurteilungen und Verteufelungen zum Ersticken bringt. Eigentlich ist das doch dasselbe, oder?«

5. Kapitel

Katakomben der Seele

Diesmal ist es Florence, die den Kontakt mit mir gesucht hat. Kaum bin ich in den Bewusstseinszustand getreten, der die Reise auf die andere Seite unserer Wirklichkeit ermöglicht, als sie auch schon vor mir auftaucht. Immer noch in ihrem großen, blauen Kleid ... aber mit wesentlich kürzeren Haaren, wie um eine Veränderung zu bezeugen, die in ihr stattgefunden hat.

Wir kennen uns nun seit fast drei Monaten ... Ich fühle nicht mehr, dass sie leidet, bemerke aber trotzdem einen ernsten Ausdruck in ihren Augen. Heute erscheint sie in einem sanften, irisierenden Licht, und mir scheint, als würde sie schwer auszusprechende Worte zurückhalten.

Aber wie ich es schon tausend Mal erlebt habe, wie wir alle es erleben, sobald wir unsere Augen jenseits des Physischen öffnen, braucht die Seele keine lauten Worte, um sich zu verständigen. Sie kennt andere, die schneller fliegen, von Herz zu Herz. Genau solche höre ich jetzt hinter den bewegungslosen Lippen der jungen Frau ...

»Wissen Sie ... Es gibt da etwas, das wir bisher verschwiegen haben. Etwas sehr Ernstes und Schmerzhaftes ... Ich musste erst etwas stabiler sein, bevor ich Sie dorthin führe. Und ich musste auch dazu gedrängt werden.«

»Durch deine Seelenführer?«

»Durch meine Seelenführer und meinen Vater, ja, meine ›Heimatseele‹. Sie haben einen Spalt weit die Tür zu der Welt geöffnet, die wir beide betreten sollen.«

»Ist das denn so schwierig?«

»Es ist heikel ... Man muss behutsam und beherzt zugleich dorthin gehen. Aber eigentlich sollte nicht ich Sie ›dorthin‹ führen, sondern jene, die meinen Weg erhellen.«

»Aber hattest du mir nicht gerade gesagt, dass sie dich dazu angehalten haben?«

»Ja, das stimmt. Weil ich lerne. Ich würde gerne wie sie werden, beraten und helfen, wissen Sie. Ich habe viel nachgedacht, seit ich mich wieder erholt habe und Sie mich durch Ihre Gegenwart gezwungen haben, in mein Innerstes zu gehen. Ich habe etwas Grundlegendes begriffen, etwas ganz Verschüttetes, eine der wichtigsten Ausrichtungen meines Wesens. Denn ich habe festgestellt, dass meine Abtreibung und ihre Umstände – abseits aller karmischen Betrachtungen – eine echte Inszenierung meines *Überbewusstseins*, wie ich es nennen könnte, waren.

Ich möchte schon lange den Seelen helfen, sich selbst zu gebären, verstehen Sie ... Eine Art Hebamme des Feinstofflichen werden, dort, wo das wahre Spiel gespielt wird. Und da niemand von Dingen reden kann, die er nicht kennt ... war es nur richtig und sinnvoll, dass ich so bewusst wie möglich diese Prüfung erlebe, in der Sie mir begegnet sind. Es war die Bedingung dafür, dass ich anderen meine Hand reichen kann.

Es ist seltsam ... Wenn man sich in einem physischen Körper befindet, mit all den materiellen Belanglosigkeiten, die das mit sich bringt, meint man immer, die Existenz ›da oben‹ habe etwas Passives, ja sogar Seliges, wie endlose Ferien. Aber das ist absolut falsch! Jedenfalls ist es falsch, sobald wir aus unserer Trägheit erwachen und sich unsere kleine innere Flamme bewusst wird, wer sie ist, und lebendig wird.

Ich will helfen ... Ich glaube, ich habe das auf der Erde nicht genügend getan. Es reicht nicht, nicht schlecht zu sein, um ein gutes Leben zu führen. Man muss gut sein ... und dann wahre Stärke in dieser Güte entwickeln. Und das ... das muss man lernen! Deshalb helfen mir alle meine Lieben dabei, die Kunst des Helfens zu erlernen.

Aber ... ich habe Ihnen immer noch nicht gesagt, was dieser ›Ort‹ ist, an den ich Sie begleiten soll. Wir werden versuchen, ihn zu betreten ... zu denen zu gehen, die aus einer Vergewaltigung hätten geboren werden sollen oder können, zu denen, deren mögliche Mütter in seelischer Not waren. Warum sind sie da hineingeraten? Wie? War es auf ihrem Weg so vorgesehen? Man hat mir gesagt, es sei unmöglich, Fragen dieser Art zu umgehen. Um das Leben wirklich zu verstehen und nicht mehr das Gefühl zu haben, es zu erleiden, muss man den Mut haben, es in alle Richtungen zu bereisen, finden Sie nicht auch?«

Einmal mehr wird Florence also mein roter Faden sein. Ich weiß, was ich jetzt zu tun habe ... Ich muss mich von der irisierenden Helligkeit einnehmen lassen, in der sie mir erscheint, und dann akzeptieren, mich ohne den geringsten Widerstand davon durchtränken zu lassen. Ich werde in einen anderen Seelenzustand eintauchen, mit ihrem Empfinden verschmelzen und mich auf eine wieder andere Welt einstimmen. Gewissermaßen eine neue Übung des Loslassens. Ich lächle innerlich, und dann erfasst mich urplötzlich ein Wirbelwind, so schnell, gewaltsam und schwindelerregend wie sanft und kurz ...

»Sind Sie noch da?«

Florences Stimme hat mich inmitten der Sturmbö eingeholt. Sie ist so klangvoll, dass sie mir fast das Gefühl gibt aufzuwachen, ohne dass mein Bewusstsein mir einen Moment lang gefehlt hätte. Es ist passiert ... Wir haben den »Sender« gewechselt, den »Lebenskanal« - und damit das »Programm«.

Hier, wohin ich Florence gefolgt bin, ist es grau ... Ich weiß nicht, wie ich diesen Raum beschreiben soll. Genau genommen gibt es hier keinen Hintergrund, und es fällt mir schwer zu atmen. Die Welt, in der meine Seele gerade gelandet ist, ist nichts als Nebel. Unmöglich zu wissen, ob ich mich darin fortbewege oder ob er es ist, der durch mich hindurchfließt. Nebel ... oder womöglich ein riesiges Spinnennetz, sehr engmaschig und fürchterlich klebrig. Ja, wie zähes Pech fühlt es sich für meinen Geist an. Alles ist so dicht und verwirrend, dass ich nicht einmal mehr meinen oder Florences Lichtkörper wahrnehme.

Die junge Frau ist kaum mehr als eine leichte Berührung an meiner Seite, eine Stimme, die von innen zu mir gelangt und sich zwischen meine Gedanken schiebt, um darauf zu antworten. Auch Florence hat unbekanntes Land betreten, und ich zweifle nicht einen Augenblick, dass auch sie leichte Übelkeit verspürt.

Wie von der Struktur des Nebels selbst herbeigeführt, erscheinen jetzt vor uns und um uns herum Objekte wie Wabenzellen. Oder vielmehr, nein ... Es sind Kokons, offenbar keiner wie der andere ... Andererseits scheinen es aber auch nicht wirklich Kokons zu sein, sondern Wesen, menschliche Formen, mehr oder weniger in sich selbst zusammengeschrumpft, mehr oder weniger klar umrissen. Alle sind unterschiedlich stark in etwas verheddert, was ich als klebrige Watte bezeichnen würde. Man könnte meinen, dass sie schlafen. Einige regen sich ein bisschen und lassen mich an verpuppte Larven denken, die ihre eigene Niederkunft erwarten.

Kann man hier von Schweigen sprechen, in dieser verlorenen Welt des Nichts, wo ganz offensichtlich nicht gesprochen wird? Alles ist von schweren, unterdrückten Gedanken durchtränkt, die niemals Worte finden, um sie auszusprechen. Man seufzt ein wenig.

Man wagt kaum zu winseln. Man wartet auf nichts und niemanden, so viel ist klar.

Manche dieser Präsenzen sehen aus wie kleine Föten, andere lassen mehr die Silhouetten kleiner Kinder erahnen, während wieder andere, zahlreicher vorhanden, die Gestalt in sich zusammengerollter Erwachsener haben.

»Sie denken in dieser Weise über sich ...«, murmelt Florence in mir. »Ihre Seele verharrt im ständigen Atemstillstand. Sie steckt fest, ist zwischen zwei Ebenen des Lebens erstarrt. Sie sind ... Hoffnungsamputierte, wissen Sie. Mangels Liebe ist alles taub in ihnen geworden.«

Mehr braucht die junge Frau gar nicht zu sagen. Ich kann nicht umhin, an einen Wassertropfen zu denken, den ich einmal sah, er war seit Ewigkeiten in einer Geode gefangen. Ich erahne gerade alles. Ich begreife das schreckliche Szenario, von dem sich diese Seelen, die zu viel Gewalt erfahren haben, haben einfangen lassen. Vom ersten Herzschlag an aus einem missbrauchten Bauch ausgestoßen, gehasst, ignoriert oder verleugnet, haben sie sich selbst abgelehnt.

Leiden sie? Es ist schwierig, das zu sagen. Sie alle haben ihre eigene Geschichte. Sie ist ihr Geheimnis, ein Geheimnis, das jedem von ihnen einen bestimmten Takt vorgibt und bewirkt, dass sie auf einer anderen Ebene als der des menschlichen Bewusstseins existieren.

Abgesehen von der Schande, deretwegen sie gezwungen waren, für einige Wochen oder Monate in eine physische Matrix einzutauchen, haben sie nur eines gemeinsam, eine Sache, die bewirkt, dass sie sich ähneln und sich in denselben Atemstillstand geflüchtet haben: Sie sind ohne Liebe. Und sie können keine mehr herbeirufen, weil sie ihren Namen vergessen haben.

Hier vergeht keine Zeit, das nehme ich ganz deutlich wahr. Sie bedeutet nichts, weil es keinerlei Dynamik gibt. Jede Gestalt ist in sich zusammengerollt.

»Hätten diese Wesen leben sollen?«, fragt mich Florence. »Hätte ihre Mutter sie trotz allem bei sich aufnehmen sollen? Ich hatte dazu eine Meinung, sogar fast eine Theorie ... Aber wenn ich das hier sehe, weiß ich es nicht mehr. Ich kann nicht aufhören zu staunen, wie ein Bewusstsein es schafft, einen Klebstoff abzusondern, der es dermaßen lähmt.«

»Aber ich glaube, nicht nur sein eigener Klebstoff sorgt für diese Lähmung. Da sind auch noch die Wesen, die ihm nicht die geringste Existenz zugestanden haben. Abscheu, Angst, Hass, all das bombardiert die feinstofflichen Welten förmlich mit Kleister. Und du hast mich mitten hineingeführt. Die Welten erzeugen sich gegenseitig. Natürlich leben sie von ihren Schöpfern ... aber sie werden genauso von dem am Leben gehalten, was in sie abgelassen wird.

Erzeuge Abscheu und Wut, und du erschaffst damit sofort eine vibrierende Leitung aus Abscheu und Wut, die sich anderen derselben Art anschließen wird. Eine Welt entsteht immer aus einer kollektiven Gedankenform, mit anderen Worten aus einem Egregor. Sie ist das Ergebnis unbewusster Verbundenheit in Licht und Schatten.«

Florence antwortet mir nicht. Ich fühle, dass sie reifer wird und sich an diesen inneren Raum erinnert, in dem sie sich noch vor kurzer Zeit um sich selbst gedreht hat.

»Wir müssen weiter«, flüstert sie schließlich. »Man hat uns nicht an diesen Ort geführt, damit wir uns einfach nur die Not anderer ansehen. Es gibt da noch etwas anderes ...«

Wieder einmal weiß ich nicht, ob unsere Seelen sich fortbewegen oder ob sich Wellen auf sie zubewegen. Eher habe ich das Gefühl, dass allmählich *etwas anderes* zwischen den Nebeltröpfchen, in denen wir baden, auftaucht.

Genau das ist es ... Zwei Wirklichkeiten überlagern und durchdringen sich in einem einzigen Raum. Sie vereinen sich wie die

Atome von Zucker und Wasser im selben Glas. Schon bald wird nur noch Licht da sein, und wenn es weiter aufbricht, wird es mondfarbig, sonnenhell und kristallrein sein.

Vor mir befinden sich zwei Wesen. Ein Mann und eine Frau. Ich weiß nicht, ob sie nackt oder in Weiß gekleidet sind, denn ich kann nichts anderes als ihre Gesichter erkennen. Ich erahne, dass der Boden unter ihnen makellos rein ist, aber nichts sonst ... Kein Hintergrund, nur eine Art Horizont, der alle Horizonte enthalten könnte, bis in alle Unendlichkeit.

Auch Florence ist da, rechts von mir. Ich sehe sie nicht mehr als eben, fühle sie aber sehr deutlich. Ihr ist eine bestimmte Energie eigen, die mich nicht verlässt.

Offensichtlich wurden wir erwartet, ja sogar erhofft. Unsere Blicke treffen sich, umarmen sich fast ... beteuern oder bestätigen Verbundenheit. Und plötzlich, ohne ein einziges Wort, sitzen wir gemeinsam auf dem weißen Boden und bilden einen kleinen, stillen Kreis. Es ist ein Bad in Licht. Wie hätte ich mir eben noch einen solchen Frieden erhoffen oder gar vorstellen können? Wie können zwei so voneinander abweichende Welten sich an diesem Punkt berühren?

Ohne weiter abzuwarten, geht die Präsenz mit dem Gesicht eines Mannes den Fragen entgegen, die ich mir gerade stelle.

»Das Leben braucht Willenskraft, um seine Fackel am Brennen zu halten ... Es ist so viel Traurigkeit und Schwere in so manchem Schlaf! Ihr fragtet euch, ob alle diese zurückgewiesenen Seelen hoffen können, sich eines Tages aus ihrer schweren, grausamen Lethargie zu befreien, nicht wahr? Nun, es ist unsere Aufgabe, diese ... Frage zu lösen. Wir beide sind jeder reine Willenskraft, und in dieser Eigenschaft haben wir darum gebeten, hier eine Zeit lang Wurzeln zu schlagen ...

Das Wort ›Willenskraft‹ erstaunt euch vielleicht? Wahrscheinlich habt ihr erwartet, dass wir euch bestätigen, Präsenzen der Liebe zu sein ... Aber die Liebe, die das Leben hier braucht, würde ohne immense Willenskraft formlos bleiben.

Ja, natürlich haben wir beschlossen, in dieser Welt zu leben, um ihr die Liebe einzuflößen, die ihr so furchtbar fehlt, das kann man wohl kaum leugnen. Aber unsere Stärke, unsere Macht liegt in unserer Beständigkeit, in unserer unermüdlichen Energie. Willenskraft und Geduld ... Wenn unserer Liebe diese beiden Flügel fehlen würden, wäre sie nur ein frommer Wunsch ohne Substanz, eine Art leere Gussform aus irgendeinem Stoff.

Lieben, ja ... Natürlich! Aber wahrhaftig und stark und lange! Ohne dieses Ausmaß von Liebe gibt es keinen Ansporn, keine Hoffnung, kein Erwachen.

Wir haben geschworen, da zu sein, um das Leben zu inkarnieren. Aber nicht wie kleine Flammen, die tief in einer Höhle eine Erinnerung bewahren, nein, das ganz sicher nicht! Sondern wie eine Feuersglut, die knistert und prasselt, bis man den Gesang ihrer Flammen bemerkt und sich dem öffnet, was sie zu erzählen haben ...«

»Wer sind Sie?«, unterbricht Florence. »Sagen Sie mir zuerst, wer Sie sind ... Ich möchte das alles verstehen.«

»Wer wir sind? Einfach zwei menschliche Wesen, zwei Seelen wie ihr. Statt in einen physischen Körper zurückzukehren, haben wir beschlossen hierzubleiben, in dieser Welt tiefer Niedergeschlagenheit, um hier wieder Leben aufkeimen zu lassen. Eigentlich ist daran gar nichts Geheimnisvolles! Wir sind an einem Punkt auf unserem Weg angelangt, wo der Begriff Dienst sich von selbst aufdrängt. Diese Sphäre der Existenz hat uns eindringlich herbeigerufen, weil wir bereit waren, ihre Forderungen zu akzeptieren.«

»Aber was tun Sie hier? Meditieren Sie? Beten Sie inmitten dieser von zu viel Gewalt und Hass zurückgewiesenen Seelen?«

»Alles hängt von der Wirklichkeit ab, die für dich hinter diesen Worten liegt. Wenn Beten und Meditieren für dich Handlungen im reinen Sinne des Begriffes sind, dann, ja, sind wir Gebet und Meditation.

Bitte versteh mich richtig ... Ich will damit sagen, dass diese Ausrichtungen unseres Wesens buchstäblich in alle Richtungen Kräfte übertragen, ähnlich wie Hände, die streicheln und schlagen. Herz und Verstand vereinen sich und erschaffen Finger des Lichts, mit denen sie handeln. Hattest du davon eine Vorstellung? Das Herz ist für die Liebe da, der Geist für den Willen und die Einhaltung der Richtung.

Außerdem ... reden wir! Wir reden mit jedem dieser Wesen, deren ›Nester des Nebels und der Not‹ ihr durchquert habt, wie wir sie nennen. Wir sprechen sie mit ihrem ersten Namen an, der vertrauten Schwingung, die seit Anbeginn der Zeit der ›Gencode‹ ihrer Seele ist. Dieser Code kann es mit seiner präzisen Melodie schaffen, ein Bewusstsein so weit anzuregen, dass es aus seiner Lethargie herausfindet.«

»Aber dann bricht doch alles Leid wieder hervor, oder nicht?«

»Ja, das ist so, wenn die Erinnerung an die Vergewaltigung, die verweigerte Liebe und die Abtreibung wieder hochkommt. Deshalb bieten wir ihnen auch darüber hinaus unsere Sonnenhände, unsere Worte und den namenlosen Strom des Lebens an.

Wir sind Tröster, weißt du. Wahre Tröster! Keine Hypnotiseure, die den Geist nur mit einem weiteren Schleier bedecken, um ihn zu besänftigen und wieder einzuschläfern. Ein wahrer Tröster ist einer, der den Schmerz enthüllt, einer, der es ermöglicht, ihm ins Gesicht zu sehen, und der dann beim anderen genügend Kraft freisetzt, damit er sich leichter über sein Labyrinth erheben kann.

Deswegen bemitleiden wir niemals diese schmerzvollen, in sich selbst zusammengeschrumpften Seelen, die schlafen oder vorgeben zu schlafen. Wir bedauern sie nicht ... Wir betreten niemals den Abgrund ihres Schmerzes. Unser Mitgefühl ist Wachsamkeit und Unterscheidungsvermögen.«

»Aber ... warum sagten Sie: ›die vorgeben zu schlafen‹?«, kann ich nicht umhin zu fragen. »Gibt es Lügen in ihrem Leid und auf dieser Ebene des Lebens?«

Die weibliche Präsenz antwortet mir. Ihre Augen verengen sich zu einem Lächeln. Es sind Augen, die das ganze Universum gesehen haben und nun seine ruhige Schönheit in sich tragen. Ich glaube, sie sind es, die mir Antwort geben.

»Ich habe nicht von Lügen gesprochen. Etwas vorzugeben bedeutet nicht notwendigerweise zu lügen. Man kann damit eine Angst verbergen oder eingestehen. Nein, wenn hier einige vorgeben, in einem Meer der Lethargie dahinzutreiben, dann gewiss nicht, weil sie das Leben anlügen wollen, sondern weil sie sich davor schützen wollen. Ihr simulierter Dämmerschlaf ist wie ein allerletzter Hilferuf, damit sie von wahrem Schlaf überwältigt werden. Und er ist auch ein leiser Ruf nach uns, denn sie spüren unsere Gegenwart. Es ist ihre Art zu weinen, weil sie keine Worte mehr für ihren Zorn und ihre Verzweiflung finden.

Allerdings führt uns kein Mitleid zu diesen Wesen, das sie manchmal in uns erregen wollen. Mitleid ist niemals erhebend. Es kann nur ein Totengräber sein. Es macht seinen Empfänger klein und erdrückt den Gebenden auf subtile Weise. *Mitleid, merkt euch das gut, ist der Anschein von Mitgefühl.* Es gibt keine Welt, in der es etwas Lichtvolles bewirkt. Mitleid kann wie ein Pflaster sein ... aber es bringt keine Heilung.

Hier, meine Freunde, ist es unsere Aufgabe, den Dingen auf den Grund zu gehen. Bei immensem Schmerz ist immense Weitsicht vonnöten. Mittels dessen, was ihr Meditation oder Gebet nennt, was aber vor allem Zuhören und mitteilsames Strahlen ist, durchstöbern wir die Erinnerung dieser in ihrem Leid verfangenen Wesen. Wir versuchen, Klarheit in die Umstände zu bringen, die sie an diesen Punkt ihrer Geschichte gebracht haben. Wisst ihr, bevor man eine Seele wieder lehrt zu atmen, muss man ihre Lunge vom

Wasser ihres Zorns, ihrer Verzweiflung und ihres Unverständnisses befreien.

Die wahren Fragen sind diese: Was hat das in sich zusammengerollte Wesen, das schläft, das vorgibt zu schlafen, das sich rührt oder verdorrt, dazu gebracht, nach einer Vergewaltigung in einen Fötus hinabzusteigen? Weshalb bestraft es sich selbst? Was ist das Geheimnis, das sich hinter einer so widersinnigen Falle verbirgt?

Die Frage ist heikel, wissen Sie, denn sie betrifft die geheimste Geschichte - sagen wir ruhig: die Essenz - dreier Wesen. Die der Angegriffenen, des Angreifers und desjenigen, der eine Form von Begegnung mit ihnen hatte und in einem Embryo gefangen war.

Ihr müsst vor allem verstehen, dass wir nicht beabsichtigen, die Motive und irrationalen Ideen mit euch zu erörtern, die ein Wesen dazu bringen können, ein anderes Wesen im Intimsten seines Körpers und seiner Seele zu missbrauchen: Es gibt Abermillionen von Umständen, die auf viel karmisches Gepäck verweisen. Es gibt unendlich viele Antworten darauf, warum eine Frau eher als eine andere die Abscheulichkeit einer Vergewaltigung mit einer eventuellen Abtreibung erleben wird.

Unser Wunsch ist es vielmehr, Licht in das Herz des Wesens zu bringen, das sich in der Schlinge einer unerträglichen sexuellen Handlung befindet. Sind seine Situation und sein Leid, die es oft fast zerreißen, Ergebnis eines Zufalls? Ganz sicher nicht. Ihr wisst gut, dass das Würfelspiel des Zufalls nichts anders ist als ein Argument der Unwissenheit. Jede Lebensgeschichte ist eng mit einem Netz aus Abermilliarden anderer Lebensgeschichten verwoben.

Die Schicksalsfügung ist deshalb wie Mathematik, die das höchste menschliche Verständnis unendlich übersteigt. Sie vollzieht sich in einem Bereich des göttlichen Bewusstseins, in dem unsere klassischen Konzepte von Gerechtigkeit und Ungerechtigkeit nichts bedeuten.

Jede Ursache hat eine Wirkung, die ihrerseits zur Ursache einer weiteren Wirkung wird ... und so fort, bis ins Unendliche. Deshalb verurteilen wir nichts und niemanden ... Unsere Aufgabe ist es, willkommen zu heißen, aufzuklären, zu trösten und zu ermuntern.

Wisst ihr, alle, wie wir hier sind, waren in unserer eigenen Geschichte einmal einen oder mehrere Tage lang Vergewaltiger und Vergewaltigte ... oder auch zurückgewiesene Föten. Jedes Mal, trotz der Schnitte und Risse, die diese Prüfungen an unseren Körpern und Seelen hinterlassen haben, sind wir wieder aufgestanden, weil die fundamentale Macht des Universums nicht anders kann, als in uns zu wirken. Hier, an diesem Ort des Bewusstseins, sind wir an einem Punkt unserer Blüte angelangt, an dem wir klarer als je zuvor erkennen, dass es uns obliegt, uns am Wirken dieser Kraft zu beteiligen, statt sie nur zu beobachten.

Wir wünschen uns, dass alle, die gerade in einem physischen Körper auf Erden sind und unsere Worte hören, ihr Wesen dem Leben zuwenden und nicht mehr der Saat des Todes. Wisst ihr, man tötet nicht nur mit Waffen, Chemikalien oder anderen Instrumenten. Zuallererst vernichtet man auch durch Liebesentzug.

All die Seelen, bei denen wir hier verweilen, sind Gefangene einer absoluten Leere des Herzens. Die Art und Weise, wie sie dazu gebracht wurden, in einen Bauch hinabzusteigen, und die Abscheu, mit der sie daraus wieder verjagt wurden, haben aus ihnen diese Aussätzigen gemacht.

»Hätte ihre Mutter sie dann also akzeptieren müssen?«, kann Florence nicht umhin zu fragen.

»Glaubst du, eine solche Frage kann man mit ja oder nein beantworten? Es steht niemandem zu, einer Frau vorzuschreiben, was sie in einem solchen Fall zu tun oder zu lassen hat! Sie allein muss sich in ihrem Innersten die einzige Frage stellen, die hier maßgebend ist: ›Werde ich in der Lage sein, dieses Wesen zu lieben, das auf eine so schreckliche Art und Weise in mir begonnen hat zu wachsen?‹

Wenn die Antwort nein lautet, also in der überwiegenden Zahl der Fälle, dann verstehen wir das absolut hier in dieser unsichtbar genannten Welt, denn ihre Kraft darf man nicht unterschätzen.

Was wir aber beklagen, ist, dass man die, die man in dieser Weise ausstößt, ihrer Seele beraubt. Denn eines müsst ihr wissen, man beraubt ein Wesen seiner Seele und seiner Selbstachtung, wenn man voller Zorn, Abscheu oder gar Hass nein zu ihm sagt.

Derjenige, der nach einer Vergewaltigung mit einem Embryo verbunden ist, ist nach wie vor ein vollständiges menschliches Wesen und sollte keinesfalls als ›Sache‹ betrachtet werden, derer man sich angewidert entledigt.

Wenn die Frau zu diesem Wesen sagt: ›Nein, ich habe nicht die Kraft, dich zu empfangen‹, dann ist das ihr gutes Recht, aber wenn sie es mit Verachtung abweist wie etwas Widerliches, dann beginnt genau hier der Irrtum ... und Tod wird gesät.

Nochmals, meine Freunde, *Respekt vor allem, was ist*, ist die Pflicht jedes Einzelnen gegenüber dem Leben, eine persönliche und gemeinschaftliche Notwendigkeit, eine Verantwortung. Ist es so schwierig, das anzunehmen? Ist es so unmöglich, innerlich leise zu sagen: ›Ich wurde verletzt und mir geht es schrecklich, aber du, den das Schicksal mir so grausam in meinen Bauch legen wollte und den ich nicht die Kraft habe zu empfangen – ich weiß, dass du ein menschliches Wesen bist, ich weiß, dass du eine Seele hast und auch ein Herz. Natürlich weiß ich nicht, wer du bist und warum gerade du es bist und kein anderer, aber wisse, dass ich dir, wenn ich mich von dir trenne, nichts vorwerfe und dich achte.‹

Liebe fängt dort an, seht ihr, selbst wenn sie da scheinbar noch nicht diesen Namen trägt. Respekt ist ihr Saatkorn, der erste Buchstabe ihres Alphabets. Sie ist es, die die Gitterstäbe aller Gefängnisse des Universums auseinanderbiegt, angefangen bei den inneren Gefängnissen, denen, die man sich selbst erbaut, bis zu denen, die man im Herzen der anderen errichtet. Zweifelt nicht daran, ihr Fehlen hat dazu beigetragen, die geistigen Spinnennetze und den seelischen Klebstoff zu fabrizieren, durch die ihr hierhergekommen seid ... und wir sind da, um sie wieder einziehen zu lassen. Indem wir trösten und aufwecken, stellen wir eine vergessene Würde wieder her ...«

Ja, eine vergessene Würde! Mir scheint es, als würden die Worte mit ganz besonderer Macht in die Umgebung geschleudert. Sie allein stehen für Millionen Dinge, auf der einen Seite des Lebens wie auf der anderen. Wie einfach und eindeutig das ist! Diese vergessene Würde ist nichts anderes als unsere hell leuchtende Essenz, die in die Ränge der Mythen verwiesen, in den Staub getreten und verleugnet wurde.

Vielleicht oder sogar sicher ist es diese Unterweisung, für die ich mit Florence hierhergekommen bin. Diese Würde ist in der Tat der angeborene Adel, der allen Lebensformen innewohnt - wie auch immer sie in ihrer Entwicklung fortgeschritten sind - und den niemand es wagen sollte anzurühren. Die Würde ist mit der Wurzel alles Lebendigen verwachsen, über seine vielfältigen Blüten hinaus, hinter seinen vielfältigen Verzweigungen, die uns so oft absurd vorkommen. Wie anders könnte man sich darauf besinnen als mit dem Verstand? Vermutlich nur durch Prüfungen, wenn man selbst mit dem Rücken zur Wand steht, sich empört und schwört, nicht zu verstehen ...

Um mich, um uns herum ist das Licht jetzt goldener geworden und erlaubt es mir, noch einmal einen Blick auf die stille Szenerie der verklebten Seelen zu werfen. Ja, sie sind immer noch da, die Katakomben der Selbstverleugnung. Irgendwie lassen sie mich an die Vorhölle denken, von der die alten Texte sprechen und die wir in die Ränge des Aberglaubens verwiesen haben.

Jetzt möchte auch ich den beiden Präsenzen, die wie Fackeln wirken, einige Fragen stellen.

»Bitte sagen Sie mir ... Gibt es hinter den persönlichen Geschichten dieser Wesen vielleicht ein allgemeines Muster, das sie hierher in die Falle gelockt hat? Haben sie freiwillig die Risiken einer gescheiterten Inkarnationserfahrung akzeptiert? Wurden sie dazu gezwungen?«

»Oh, vielleicht ahnst du es ja schon, nur sehr wenige wählen diesen Weg! Einige Seelen, die mit am weitesten entwickelt sind, wissen, dass sie manchmal etwas Schwieriges dieser Art durchleben müssen, aber was die übrigen betrifft ... Nun, von sehr seltenen Ausnahmen abgesehen werden sie *in den vibrierenden Wirbel* einer Vergewaltigung *gesogen* und dann in den Bauch einer Frau - durch etwas, was wir ihre niedrigen Frequenzen nennen müssen. Dieser Ausdruck hat vielleicht etwas Karikaturistisches, aber er vermittelt eine Tatsache, die man wohl nicht viel deutlicher ausdrücken kann.

Einige Seelen haben sich in einer Phase ihrer Entwicklung verunreinigt, durch Begierden, alle möglichen Arten von Besessenheit, immer wieder auftauchende Bilder schmerzhafter Erinnerungen, die oft mit Gewalt verbunden sind. Hier sagen wir, dass sie schwerfällig werden und metallisieren ... Fast wie Eisen lassen sie sich von der Umgebung anderer eiserner Präsenzen magnetisieren, die schwer und einfach beschaffen sind. So lassen sie sich förmlich von einem irdischen Kontext verschlingen, der dem gleicht, was bereits in ihnen wohnt. Ist es nicht logisch, dass Schönheit Schönheit hervorbringt und dass Hässlichkeit und Grausamkeit ihresgleichen suchen?

Auch um diesen Teufelskreis zu durchbrechen, kamen wir hierher. Mitgefühl ist in jedem Fall eine auferweckende Kraft, die wir versuchen weiterzugeben. In diesem Sinne sind wir also sozusagen auch seelische Aufräumer. Indem wir die Seelen streicheln, sie trotz allem willkommen heißen, reinigen wir sie von den Albträumen, in denen sie sich so verirrt haben, dass sie ihre innerste Identität verleugnen.

Was diese Seelen so schwer machen konnte? Ganz einfach ... Kriege, Massaker, an denen sie beteiligt waren oder denen sie zugestimmt haben, Massenvergewaltigungen ... auch Drogenmissbrauch. Kurz gesagt, alles, was das Wesen entwürdigt und doppelt einsperrt, in seinen Geist und in sein Herz.«

»Und in seine Zellen?«

»Da hast du tatsächlich recht ... Ich hätte durchaus von einem dreifachen Gefängnis sprechen können. Zwischen zwei Inkarnationen trägt jedes Wesen das Gepäck einer zellularen Erinnerung mit sich, die sich von Leben zu Leben ansammelt. Diese Erinnerung wohnt in etwas, was traditionell *Uratom* genannt wird, im Allerinnersten des Bewusstseins. Unkontrollierte Begierden und tief verwurzelte Reflexe kommen zu einem überwiegenden Teil aus dieser Erinnerung, die den Körper wahrhaft programmiert. Tatsächlich ist es eine Art energetische Ladung, die allein durch immense Liebe zwar nicht bezwungen, aber nach und nach wie eine Batterie geschwächt und erschöpft werden kann.

Aber lass mich noch einmal auf das zurückkommen, was Seelen in den Kontext einer Vergewaltigung oder jedes anderen bestialischen Verhaltens hineinlockt ... Man darf nicht glauben, dass nur Wesen mit ›metallischer‹ Erinnerung dort hineingeraten. Auch viele große Seelen – oder einfacher ausgedrückt alte Seelen – wählen freiwillig diese Erfahrung, um dem äußersten Mitgefühl so nah wie möglich zu kommen. Indem sie sich für einen Inkarnationsbeginn inmitten eines schändlichen Geschehens entscheiden, öffnen sie ihr Herz.

Du siehst also, dass ähnliche Umstände komplett gegensätzlich erlebt werden können, je nach dem Bewusstseinsstand der Wesen. Für die Leidgeprüften ergeben sich zwei diametral entgegengesetzte

Konsequenzen: Entweder wird ihr Herz enger und dörrt aus, oder es wird weiter und lässt die zartesten Blüten der Liebe aufgehen.

Was die schönen Seelen betrifft, die entscheiden, durch eine Prüfung dieser Art zu gehen, so ist es richtiger, es eine ›Durchquerung‹ statt einen Aufenthalt zu nennen. Tatsächlich kann sie nichts dazu veranlassen, einen Ort wie diesen zu besuchen, für den wir hier verantwortlich sind. Sie sind dafür zu leicht, sie lösen sich schnell von der Aura der Gewalt und des Leids, die sie bereit waren kennenzulernen. Sie kehren also von neuer Kraft erfüllt in ihre Welt zurück.

Du siehst also: Die unerträglichsten menschlichen Taten können manchmal für die großartigsten Präsenzen zu einem Weg der Weiterentwicklung werden. *Keine Bleibe, kein Körper und kein Herz sind je zu düster und verwundet, als dass nicht ein zartes Licht versuchen würde, sie zu besuchen ...* Das ist eine Wahrheit, die man sich in goldenen Lettern in seinem Innersten aufschreiben sollte.«

»Aber sagen Sie mir«, murmelt Florence mit erstickter Stimme, »sagen Sie mir .... Alle diese Wesen, die sich selbst ablehnen und die ich jetzt hier sehe ... Stecken sie hier für alle Ewigkeiten fest?«

»Ewigkeiten? Vergiss nicht, dass Zeit hier nichts bedeutet ... Sie vergeht weder langsam noch schnell. In Wirklichkeit erzeugt das Bewusstsein je nach seinem Entwicklungsstand in sich ein Gefühl der Beschleunigung oder Verlangsamung. Oder es erweitert sich in seine Illusion hinein oder erstarrt darin.

Aber um dir konkreter zu antworten, sollst du wissen, dass niemand auf ewig hier bleibt. Dieser verlorene Ort inmitten des Universums ist ein bisschen wie ein Krankenhaus für Schwerverletzte ... Aber ein Krankenhaus, in dem man niemals stirbt, weil man dort geliebt wird und weil der Tod dort unmöglich ist. Man verlässt es auf jeden Fall ... nach einigen Monaten, Jahren, manchmal Jahrhunderten irdischer Zeit, mit der Erinnerung, dort geschlafen und schlecht geträumt zu haben. Dann kommt der

Moment, auf die Erde zurückzukehren, erleichtert und befreit von einer ordentlichen Menge ›Metall‹.«

Die beiden Wesen, deren Stimmen sich immer mehr überlagert haben und dann zu einer verschmolzen sind, sind jetzt nur noch ein riesengroßes Lächeln. Natürlich ist der schwere Schlaf der vielen verletzten Seelen immer noch rund um uns, sehr kompakt, aber ich fühle mich erfüllt, genährt vom ansteckenden Frieden dieser Unterweisungen.

Was Florence betrifft, weiß ich nicht so genau, was in ihr vorgeht. Ich erahne sie hinter mir, überwältigt von einem Gefühl, das sie ganz ergriffen hat.

»Florence?«, kann ich nicht umhin zu rufen.

Tiefes Schweigen antwortet mir und legt mir nahe, mich inmitten des Lichts umzudrehen.

Florence ist da. Ich sehe sie deutlich vor mir mit ihren kürzeren Haaren und demselben langen, blauen Kleid. Sie weint leise ... weder aus Traurigkeit noch aus Freude, scheint es mir. Ihre Tränen, das weiß ich, laufen einfach über, aus etwas zu Vollem oder ... zu Erlebtem in ihrer Seele.

»So lange ist es noch nicht her, verstehen Sie ...«, bringt sie endlich hervor. »Ich wollte die Starke geben, indem ich Sie hierher begleitet habe, aber wahrscheinlich habe ich mich selbst überschätzt ...«

»Hattest du mir nicht gesagt, dass man dich dazu angehalten hat, mich hierherzuführen?«

»Ich habe Sie ein bisschen angelogen ... Ich bin es, die darauf bestanden hat ... um meine letzten Erinnerungen eines übel zugerichteten Herzens mit dem Anblick noch größerer Verletzungen zu bekämpfen. Man hat mich gelassen ... Es war meine persönliche Art, um mich schneller wiederherzustellen.

Würden Sie mir denn noch weiter folgen? Irgendwie ist das ein bisschen zu meiner Aufgabe geworden ...«

6. Kapitel

Gründe, um nicht geboren zu werden

Florence ist binnen eines Lächelns wieder in ihre Welt verschwunden. Ich habe sie gehen lassen, ohne zu wissen, wann oder wo wir uns wiedersehen. Inzwischen habe ich mich an unsere informellen Begegnungen gewöhnt. Sie sind eine Art gemeinschaftliches Ritual geworden, das ich mir zuerst wünschte und jetzt liebe.

Still sind die Wochen dahingezogen bis zu dieser zaghaften Morgendämmerung, aus der ich kaum erwacht bin und die jene, die sich »die Ungewollte« genannt hat, genutzt hat, um mir erneut die Tür zu ihrer Welt zu öffnen. Nur einen Augenblick habe ich gebraucht, um Florence wiederzufinden; meine Seele war bereit und meine Feder ungeduldig. Ich habe also ein weiteres Mal die Grenze zwischen den Welten durchquert wie ein Fisch, der den Wasserspiegel durchbricht und die frische Luft entdeckt ...

»Ich dachte, Sie würden nicht mehr wiederkommen ...«

»Aber warum?«

»Weil ich mich jetzt wieder erholt habe und ...«

» ... weil du mich vor ein paar Wochen ein bisschen angelogen hast?«

Sichtlich verlegen lächelt Florence mich an.

»Ich hatte Ihnen ja gesagt, dass man ganz mit sich allein reist, wenn man auf der anderen Seite angekommen ist, bei jenen, die für ›tot‹ gehalten werden. Hier haben Sie wieder einmal den Beweis dafür. Nichts zu machen! Unsere Persönlichkeit folgt uns ... mit der ganzen Überfülle und ›Überleere‹ unseres Herzens!«

»Das weiß ich doch, Florence ... Nur weil man den Vorhang durchschritten hat, wird man nicht allwissend oder allmächtig. Und wir werden auch nicht zu einem ›Engel‹, zu dem unsere Lieben beten können, nur weil wir die Flügel unseres Bewusstseins ein bisschen ausgebreitet haben.«

»Nun, dann wird es Sie wohl nicht überraschen, wenn der Ort, an den ich Sie führen will, ziemlich irdisch erscheint ...«

»Ist es ein Ort der Heilung?«, frage ich intuitiv.

»Nicht wirklich ... Sagen wir eher ... ein Ort der Selbstbesinnung und des Nachdenkens.«

Während ich Florence zuhöre, die nach Worten sucht, bemerke ich lediglich, dass irgendwie ein Hintergrund fehlt, der den Raum charakterisiert, in dem wir uns gerade wiedergetroffen haben. Ich nehme ihn wie eine geistige Schleuse wahr, einen speziellen Bereich für alle Möglichkeiten.

»Hören Sie«, fährt Florence fort, »in der letzten Zeit habe ich wirklich versucht, meine Seele zu erforschen. Das wird von uns verlangt, soviel wie nur möglich, sobald wir von einem Aufenthalt in der physischen Welt zurückkehren, auch wenn er nur sehr kurz war. Ich habe relativiert, was ich erlebt habe, und sofort gespürt, dass ich meinen Blick über den Schmerz der Abtreibung hinauslenken musste. Denn es gibt nicht nur sie, die tausend Fragen zum Thema Schwangerschaft aufwirft und Leid bereitet.«

»Meinst du damit Fehlgeburten?«

»Unter anderem ... Denn es gibt so viele ›Vorfälle‹ oder ›Unfälle‹, die bewirken, dass ein Fötus nicht geboren wird, und einen Abgrund der Verzweiflung in die Herzen seiner Eltern reißen.«

Florence hat meine Fragen vorweggenommen. Genau darauf wollte ich mit ihr zu sprechen kommen ... Ich wollte die Denkweise erweitern, um die Geheimnisse der Lebensentstehung im mütterlichen Bauch mit ganz neuen Augen zu betrachten.

Was gerade geschehen ist, ist nur schwer in Worte zu fassen. Ich habe meinen Seelenkörper komplett bewegungslos gelassen, trotzdem hat sich alles um ihn herum verändert ... Grund genug, um mir so intensiv wie nie zuvor klar zu werden, dass die unzähligen Welten, aus denen das Universum sich zusammensetzt, sich überlagern und eins werden, an einem einzigen Punkt des Rätsels dieses weit ausgebreiteten Bewusstseins, das alle Dimensionen zusammenführt. Entweder akzeptiere ich diese Tatsache, oder ich muss wieder in meinen Körper zurückkehren, der irgendwo auf der Erde im Dämmerlicht ausgestreckt liegt.*

Nun ... Ich atme lang ein ... und entdecke Florence an meiner Seite. Wir befinden uns in einer Art großem Park oder riesigem Glashaus. Ich weiß es nicht genau. Der Himmel über unseren Köpfen ist klar, wird sind von üppiger Vegetation umgeben. Aber wir spazieren nicht allein unter den Bäumen. Es sind auch Frauen, Männer, Kinder anwesend. Manche scheinen intensiv miteinander zu kommunizieren, während andere sich im Gras oder auf Sitzgelegenheiten entspannen.

* Dies lässt an die kürzliche Entdeckung der beiden Physiker Lisa Randall und Ramon Sundrum denken, die die Existenz einer fünften, »gekrümmten« Dimension von unendlicher Größe aufgezeigt haben. Ihre Entdeckung würde sogar die Möglichkeit von sieben weiteren Dimensionen nach der fünften eröffnen ...

Florence hatte mich gewarnt ... Alles ist sehr banal an diesem Ort, der aussieht wie die perfekte Kulisse für einen klassischen Sonntagsspaziergang.

»Würden Sie uns bitte folgen? Wir erwarten Sie dort drüben ...«

Ein junger Mann in einem hellgrauen Anzug ist auf uns zugekommen und hat sofort Florences Arm ergriffen. Hinter ihm, neben etwas, das aussieht wie ein Hortensienbeet, sitzen ein Teenager und eine Frau im Gras und mustern uns.

»Sind sie es?«, fragt Florence.

»Sie können es kaum erwarten, mit Ihnen zu sprechen ...«

Und wie um mir zu erklären, was ich ihn nicht gefragt habe, dreht sich der junge Mann zu mir um und fügt hinzu: »Sie sind ... ich würde sagen ... im Land jener, die tausend persönliche Gründe hatten, nicht mehr auf die Erde zurückkehren zu wollen.«

Im Gras lächelt man uns sanft an, und dieses Lächeln ist mit einer Melancholie beladen, die mich sofort berührt.

»Werden Sie unser Dolmetscher sein?«

Ich bejahe und spreche ein paar Worte, aber zur selben Zeit, als ich sie äußere, weiß ich, dass nicht sie die wahre Antwort übermitteln. Zwischen uns ist bereits eine Brücke entstanden. Sie hat sich schon beim ersten Blickwechsel von selbst in der Luft geformt.

Mir bleibt nur noch, mich ebenfalls hinzusetzen, was Florence bereits getan hat ... Mich hinzusetzen und zuzuhören. Sie wollen, dass ich hierüber berichte, und zwar möglichst bald.

Der Teenager zeigt die größte Ungeduld, sich mitzuteilen. Erst stammelt seine Seele ein paar ungeschickte Worte, aber dann entspannt sie sich, und es strömt nur so aus ihr hervor.

»Wissen Sie, man muss über alles reden ... Nach dem, was mit mir passiert ist, habe ich begriffen, dass man nichts zu lange in sich zurückhalten sollte. Leid, das hinter Schutzwällen versteckt wird, wird sie früher oder später zum Einsturz bringen, und dann wird es so zerstörerisch wie ein Tsunami. Ich kann Ihnen davon erzählen ... Es ist schwer, es zuzugeben, aber ... aus diesem Grund habe ich mir das Leben genommen.«

»Sprichst du wirklich von Selbstmord?«

»Oh ... Sagen wir, auf der Erde heißt es anders. Ich habe einfach alles dafür getan, damit mein Herz aufhört zu schlagen. Es war erst sieben Wochen her, dass mein Bewusstsein zum ersten Mal in den Bauch einer Mutter hinabsteigen sollte. Jedes Mal, wenn ich in diesen winzig kleinen Fötus eintrat, der mir später als Körper dienen sollte, wurde ich von Angst gepackt. Sie müssen verstehen ... In meiner Erinnerung war das ganze Gewicht meines vorigen Lebens noch allgegenwärtig! Die Gerüche der Erde, meine Frustration, meine Reue und meine alten Befürchtungen, alles kam wieder hoch. Ich wollte nur noch um mich schlagen und zurück ›nach Hause‹.

So hatte ich bei jedem neuen Eintauchen in die Materie das Gefühl, dass mir die Luft genommen wurde ... und je mehr die Mechanik dieses für mich entstehenden Körpers mich rief, desto unerträglicher wurde dieser Atemstillstand für mich.«

»War dein Gepäck so schwer, dass du an diesem Punkt Angst hattest wiederzukommen?«

»Jetzt sehe ich, dass dem nicht so wahr. Es war nur ein ganz kleiner Koffer, nicht dicker als andere. Nur hatte ich den Inhalt nie mit irgendjemandem teilen wollen; mein in sich gekehrtes, zaghaftes Naturell hielt immer alles doppelt und dreifach unter Verschluss. Nicht die Schwere einer Last bewirkt, dass es einem gelingt, sie zu akzeptieren oder nicht und mit ihr weiterzugehen, sondern der Blick, mit dem man sie betrachtet, die Farbe, die man ihr gibt.

Das hatte ich nicht verstanden ... Und deshalb beschloss ich, nein zu sagen, und wollte nach sechs Wochen alles daransetzen, um nicht mehr gezwungen zu sein, wieder in einen Bauch zurückzukehren.

Die Magnetwirkung der Erde war stark und mobilisierte alle meine Kräfte. Es ist nicht so einfach, nicht geboren zu werden, wissen Sie! Ich hatte das Gefühl, fünf oder sechs Tage irdischer Zeit gegen den Strom zu schwimmen, bis zu dem Moment, als ich etwas wie einen Knacks in meinem Nacken spürte. Da wusste ich, dass ich wieder frei war und nicht in diese neue Geschichte eintreten würde, die das Leben sich für mich ausgedacht hatte.

Bevor das geschah und während der ganzen Zeit, als ich mich weigerte, in meinen Fötus einzutreten, hatte ich geglaubt, dass es wie ein Sieg und eine Erleichterung für mich sein würde ... Aber ich kann Ihnen sagen, dass das in keinem Moment so war! Im Gegenteil, ich empfand Panik ... Ich wusste nicht mehr, wohin ich gehen sollte. Die Wahrheit ist, dass ich mich gegen die Ratschläge meiner Seelenführer wandte und meine Eltern zurückwies.

Ich ging unter ... Es war grauenvoll, zumal ich immer noch von der Materie magnetisiert wurde und mit voller Wucht den Schmerz erlitt, den ich gerade jenen zugefügt hatte, die mir ihre Arme entgegengestreckt hatten. Ich hatte den Vertrag der Liebe gebrochen!

Wissen Sie, die Lebensintelligenz hat mir nichts erspart. Um mich zu unterweisen, ging sie so weit, mir die Vision eines winzigen, blutenden Etwas zu schenken, das aus dem Körper meiner Mutter entwich und ich hätte sein sollen.

Zweifellos habe ich genau durch diese Lektion meinen Fehler erkannt. Sie hat eine weite Bresche in meine Seele geschlagen, die mich wieder vor meine Seelenführer brachte. Sie haben mir nichts vorgeworfen. Sie haben mich nur ein bisschen mit mir selbst allein gelassen ... und mich dann hierher begleitet, damit ich endlich aufhöre, mich selbst zu verletzen und ...«

Der Teenager bringt seinen Satz nicht zu Ende. Seine Stimme versagt, und sein langes, faltenfreies Gesicht zwingt sich, uns zuzulächeln, wie um uns zu versichern, dass alles gut ist.

»Ich glaube, ich werde bald bereit sein«, beginnt er schließlich wieder. »Ich habe gesehen, dass dieselben Eltern immer noch bereit sind, mich bei sich willkommen zu heißen ... Also habe ich ja gesagt. Wir haben miteinander gesprochen, während sie schliefen. Wir kennen uns schon lange, wissen Sie!

Vor allem habe ich schon Verbindungen mit dem, der mein Vater werden wird. Wir waren einst Brüder, bis eine ungeklärte Erbschaftsgeschichte einen Schatten zwischen uns warf ... Ist das nicht dumm? Wenn jeder wenigstens begreifen würde, dass man seinen ›Garten‹ immer wieder so vorfindet, wie man ihn verlassen hat! Wenn man Unausgesprochenes sät, erntet man eines Tages zwangsläufig die Früchte. Jedes Mal, wenn man vor einem Hindernis zurückweicht, kann man sicher sein, dass man damit schon ein neues Treffen mit ihm vereinbart hat. Sie sehen, es ist auf beiden Seiten des Vorhangs dasselbe!

Aber wenn ich Ihnen das alles erzähle, dann nicht nur, weil ich hier endlich gelernt habe, meine Geheimnisse loszuwerden. Ich tue es vor allem, weil ich gesehen habe, wie sehr die junge Frau, die mir als Mutter dienen sollte, sich schuldig fühlte, nachdem sie mich verloren hatte.

Wie viele andere lebte auch sie viele Monate lang mit dem Gefühl - fast der Gewissheit -, dass sie die Hauptverantwortliche für ihre Fehlgeburt war. Nichts war weiter von der Wahrheit entfernt! Ich war es gewesen, der nicht geboren werden wollte! Ich war einfach nicht bereit dazu gewesen, das heißt, in meinem Herzen nicht reif genug ... Dinge wie diese müssen einfach bekannt werden ... weil ich, als ich meine Mutter weinen sah und dann hörte, wie sie sich mehr oder weniger bewusst und viel zu lange für alles die Schuld gab, begriff, wie sehr Schuldgefühle Gift für ein Wesen sind.

Ich glaube, genau diese Feststellung hat mich dazu gebracht, so schnell wieder zu ihr zu gehen. Ja, auch ich fühlte mich meinerseits ... schuldig! Wenn man nicht achtgibt und nicht schnell genug handelt, kann man leicht in eine Endlosschleife geraten.«

»Das nennt man dann Karma erzeugen«, bemerkt Florence.

»Du hast recht, aber daran dachte ich noch nicht einmal ... Karma ist doch einfach nur ein praktisches Wort, eine Floskel, um die tiefe Logik und Präzision unseres Universums zu umschreiben.«

»Übrigens«, wirft der Mann in dem hellgrauen Anzug ein, »Sie müssen jetzt nicht denken, dass der Begriff der karmischen Verbindung sofort jedem klar ist, sobald er die Schwelle des Todes überschritten hat. Zahllosen Seelen sind diese Zusammenhänge nicht bewusst. Oft bleiben sie in einem immerwährenden ›Opferdasein‹ stecken. Es ist immer das Leben, das ungerecht zu ihnen ist ... Das Göttliche hat sie im Stich gelassen ... und zwar deshalb, weil sie nicht der Mühe wert sind, geliebt zu werden, weil sie weder schön noch gut sind.

Es ist eine perverse Falle, in die viele von uns irgendwann einmal stolpern. Und es ist eine einfache Falle, weil sie von Verantwortung befreit. Wir arbeiten hier ständig daran, darauf hinzuweisen und den Mechanismus dahinter zu entschärfen.

Wissen Sie, bis vor nicht allzu langer Zeit der menschlichen Geschichte auf Erden wurden die meisten Fehlgeburten durch die Angst, geboren zu werden, ausgelöst, also die Befürchtung, sich den Umständen stellen zu müssen, die zu einem früheren Zeitpunkt so gesät worden waren. Verantwortung schlägt in die Flucht ...

Nichts und niemand kann eine Seele zwingen, in dem Bauch zu atmen, der sie gebären möchte. Wenn sie die Kraft und den Wunsch hat, dann schafft sie es immer, den Rückwärtsgang einzulegen.«

»Und die Liebe, die ihre künftigen Eltern ihr bereits entgegenbringen, ändert daran gar nichts?«, werfe ich ein.

»Das ist wirklich das Einzige, was einen Einfluss haben und die Ängste der Seele lindern kann ... Wenn es ein Geheimnis gibt, um alles zu erleichtern, dann das; verschweigen Sie das ja nicht!

Aber auch da kann ein Paar ein wahres Feld an Aufmerksamkeit und Liebe ausbreiten und am Ende doch eine Fehlgeburt erleiden. Freiheit, besonders auf dieser Ebene, bleibt ein heiliges Prinzip, das als solches geachtet werden muss. Es ist also wichtig, dass Frauen und Männer, die mit einer Enttäuschung wie dieser konfrontiert werden, sich das sagen und immer wieder darüber sprechen. Der Pokal der Liebe, den sie der Seele schenken wollten, muss für echte Akzeptanz ausgegossen werden. Das ist der einzige Ausweg ...«

Ich höre zu und bemühe mich, mir alles gut einzuprägen, was mir hier mitgeteilt wird. Aber besonders eine Sache macht mich stutzig. Ich kann nicht glauben, dass sie nur zufällig oder versehentlich erwähnt wurde, denn was sie andeutet, macht mich neugierig.

»Hattest du nicht eben gesagt, dass *bis vor nicht allzu langer Zeit* die meisten Fehlgeburten durch die Angst, geboren zu werden, entstanden? Warum diese zeitliche Beschränkung?«

Ein leichter Schmollmund zeigt sich auf dem Gesicht der weiblichen Präsenz, die direkt neben dem Teenager im Gras sitzt. Bisher hat sie sich damit begnügt, mich zu beobachten, ohne sich selbst zu äußern. Aber ich sehe, dass meine Frage sie mehr als die anderen beiden aufhorchen lässt. Sie setzt sich auf, und ihre blauen Augen erforschen mich bis in mein Innerstes.

»Erstaunt Sie das etwa?«, sagt sie. »Ich möchte Ihnen gerne von jener Zeit erzählen, die noch nicht allzu lange her ist ... Ich hatte ... sagen wir ... einige Schwierigkeiten, an diesen Ort der Ruhe zu gelangen, an dem Sie mich jetzt sehen. In mir war zu viel Zorn, um in meinem Herzen den Zugang hierher zu finden. Ich musste erst Berge von Vorwürfen und Empörung wegschaffen, um herkommen und wohlüberlegt mit Ihnen sprechen zu können.

Das Problem, wenn ich mich so ausdrücken darf, ist, dass ich *wirklich* geboren werden wollte, wissen Sie. Ich hatte mir einen ganzen Lebensentwurf zurechtgelegt ... Eine Art Masterplan mit den besten Vorsätzen der Welt. Ein bisschen wie es Kinder am ersten Schultag nach den Ferien tun. Man sagt sich, dass man gut mitarbeiten wird, dass man der Beste sein wird, auch wenn es nicht einfach wird ... Und auch, wenn es nur ein frommer Wunsch bleibt, glaubt man daran, und es hilft einem, morgens zuversichtlicher die Schuhe anzuziehen.

In dieser Verfassung kam ich also zurück und war ziemlich glücklich, auf ein Paar zu treffen, das genauso empfand wie ich. Es würde mir gut gehen ... und das in einem friedlichen Land. Ja, in einem friedlichen Land ...

Aber wissen Sie, der Krieg gegen das Leben kann auf mehreren Ebenen geführt werden! Darüber möchte ich mit Ihnen sprechen ...«

Der Mann mit der hellgrauen Kleidung hat sanft eine Hand auf die Schulter der jungen Frau gelegt, die nun selbstsicherer und lauter klingt. Er gibt ihr deutlich zu verstehen, dass sie sich beruhigen soll. Ich begreife, wie sehr meine Frage an eine schmerzhafte Wirklichkeit gerührt hat.

»Meine Seelenführer haben sich gehütet, mich über alles zu informieren«, fährt sie in ruhigerem Tonfall fort. »Als ich das merkte, nahm ich es ihnen schrecklich übel. Jetzt erkenne ich, dass sie richtig handelten; es hätte meinen Elan zunichtegemacht, und ich hätte nicht erleben können, was letztendlich eine Gelegenheit zu wachsen wurde ... Sie hatten mich schon ein bisschen vorgewarnt, was einige Risiken betraf, aber ich hatte ihre Worte sofort in ein Hinterzimmer meines Bewusstseins geschoben. Es interessierte mich nicht, und die Gefahr, die sie vage angedeutet hatten, schien mir so gering ...

Alles fing ganz wunderbar an. Ich stieg freudig und sooft ich konnte in diesen Embryo hinab, der heranwachsen und mir als

Wohnstatt für ein ganzes Leben dienen würde. Soweit ich es mitbekam, waren sich meine Eltern darüber bewusst, was vor sich ging. Sie informierten sich und lasen viel. Kurz gesagt waren sie überzeugt, dass sie nicht mehr nur zu zweit lebten, sondern begannen, ›jemanden‹ zu empfangen.

Knapp zwei Monate, nachdem sie festgestellt hatten, dass sie mich erwarteten, war mein Zimmer schon fertig eingerichtet, ganz weiß, frisch gestrichen und dekoriert mit einer Feinfühligkeit, die mich berührte. Ich sah das alles, das versichere ich Ihnen! Zweimal spazierte ich in diesem Zimmer herum, das meins werden würde. Einmal überraschte meine Mutter mich sogar dabei. ›Oh, was für eine schöne, kleine, blaue Kugel, da, neben der Tür!‹, rief sie. Und ihre Begeisterung steigerte meine noch viel mehr ...

Aber kurze Zeit später begannen die Dinge sich zu verschlechtern. Das zeigte sich durch eine kurze, aber heftige Kälteempfindung, als ich meinen Fötus schon eine kleine Weile bewohnt hatte.

So etwas hatte ich noch nie gefühlt ... Wenn man in einen Bauch hinabsteigt, um ihn zu bewohnen, und alles harmonisch abläuft, ist es wie eine laue Brise, die uns streift, und wir beginnen, leise den Fluss der Körperflüssigkeiten zu hören.

Zuerst mutet es an wie das Plätschern eines Baches zwischen Steinen und Moos; man könnte auch meinen, dass ein schwacher Wind mit unsichtbarem Blattwerk spielt. Dann verblasst alles, und die Atmosphäre wird gedämpfter. In diesem Moment beginnen wir, die Geräusche und Gedanken aus unserer künftigen Welt aufzufangen. Unsere Eltern können nicht viel vor uns verbergen, wenn wir bei ihnen sind! Wir trinken direkt an ihrem Herzen ...

Ich wurde also von einer unangenehmen Kälteempfindung erfasst. Diese trieb mich schnell aus dem Körper meiner Mutter heraus, und ich wollte es bis zu meinem nächsten Besuch einfach vergessen. Aber auch da packte mich wieder diese Kälte! Eine Art Schüttelfrost durchlief mich, und während er mich im Griff hielt, hörte ich undeutlich meine Mutter über Bauchschmerzen klagen. Aber sie dauerten nicht lange ... Was mich diesmal besonders beunruhigte, waren die Töne, die ich vernahm - oder besser: die ich eigentlich nicht mehr wirklich vernahm. Statt einer fortlaufenden, klaren Melodie kam alles ruckartig, fast wie ein Stakkato bei mir an.

Doch am nächsten Tag nahmen die Dinge eine neue Wendung ... Ich hatte Schwierigkeiten, wieder in meinen Fötus zu gelangen. Wie es alle tun, die aus eigenem Wunsch geboren werden, begann ich, durch die Schädeldecke - die Fontanelle - zu gleiten. Es war, als würde ich mir vorsichtig einen Handschuh überstreifen, von dem man ahnt, dass er zu eng ist.

Mir ging es nicht gut. Ich hätte schwören können, dass mein Körper mich nicht wollte, dass er meine Anwesenheit ablehnte, dass ich ein ungebetener Gast war. Ich erinnere mich noch, dass ich versuchte, mich zu bewegen, vielleicht um mich zu schlagen. Eine Art Reflex ... aber auch eine willentliche Reaktion, um zu verkünden, dass ich es war, die meinen Armen und Beinen Befehle erteilte, und dass ich fest entschlossen war, komplett hineinzuschlüpfen.

Da klagte meine Mutter erneut. In meinem Inneren sah ich sie sich hinlegen, dann hörte ich sie meinen Vater rufen.

Es erübrigt sich zu sagen, dass unsere Ängste zusammenflossen ... Im nächsten Moment wurde ich aus meinem kleinen Fötus ausgestoßen. Es war eine Kraft außerhalb von mir, die diesen Rückzug lenkte. Natürlich hätte ich mich gerne irgendwie festgeklammert, aber ...

Ich bekam also alles mit ... Meine Mutter, die sich vor Schmerzen krümmte, der Telefonanruf meines Vaters, die Ankunft des Krankenwagens und ... mein Tod auf der Trage. Aber ich sollte wohl eher sagen ›mein Abflug‹, denn um ehrlich zu sein, ging es mir nicht schlecht. Ich war in einer Art Betäubung, ein bisschen, als wäre all das gar nicht wahr. Mir wurde wieder kalt, aber es war nicht mehr dieselbe Art von Kälte. Sie ließ mich nicht mehr erschaudern. Es war eher eine umhüllende Kühle, die immer sanfter wurde.

Ich begriff, dass sie von meinem Vater ausging. Er betete, verstehen Sie ... Er wusste gar nicht genau, an wen er sich eigentlich wandte, aber er betete ... Wenn Sie wüssten, wie mir das geholfen hat!

Aber nicht die Worte, die er innerlich aussprach und die ich klar und deutlich hörte, waren es, die mir wirklich Kraft gaben. Vielmehr war es die Liebe, die dahinter war. Sie überstieg unser ganzes Unverständnis.

Ich konnte nicht lange bei meinen Eltern bleiben. Meine Wurzeln auf der Erde waren dazu einfach nicht besonders tief!

Ein paar Stunden später wurde ich nach oben gesogen, fortgetragen von einer Art leuchtendem Luftstrom. Wie Sie sehen, habe ich nicht wirklich gelitten. Ich bin einfach nur mit einer großen Frustration wieder ›aufgestiegen‹, die sehr schnell in Ärger umschlug, als ich begriff, was passiert war.«

»Du hast es schnell begriffen? Ich dachte, es waren deine Seelenführer, die dich darüber in Kenntnis setzten ...«, unterbricht Florence sie.

»Sie erwarteten mich, ja. Aber nur, um mich zu trösten, ohne mir zunächst irgendetwas zu sagen. Die Erklärungen kamen erst später, sobald ich mich weit genug von der Erdatmosphäre entfernt hatte.

›Es ist ein neues Problem, das uns immer begegnet‹, sagten sie zu mir. ›Ein schweres gesellschaftliches Problem. Ein Problem, das auf die wachsende Giftigkeit der heutigen Erde hinweist.‹

Natürlich löcherte ich sie mit Fragen. Ich hätte es wohl leichter akzeptiert, wenn sie psychologische Gründe oder fein gewebtes Karma angeführt hätten. Aber nein ... Was mir gesagt wurde, war eine rein physische Sache!«

»Eine Missbildung?«

»Nein, gar nicht! Eine körperliche Schwächung ... Eine plötzliche, schnelle, allgemeine Destabilisierung des menschlichen Stoffwechsels. Man erklärte mir, dass Frauen aufgrund der hochkomplexen Abläufe in ihrem Körper davon stärker betroffen sind als Männer. Das heißt, dass ihr Organismus aufgrund seiner Fähigkeit, einen Fötus auszutragen und zu gebären, empfindlicher und leichter durcheinanderzubringen ist als der männliche. Das ist natürlich kein Geheimnis ... aber dieses Problem nimmt gerade wegen der wachsenden Giftigkeit der irdischen Umwelt unverhältnismäßig große Ausmaße an.«

»Du willst also damit sagen, dass sehr viele Fehlgeburten durch die Umweltverschmutzung verursacht werden?«, werfe ich ein.

»Alles hängt davon ab, was Sie unter Umweltverschmutzung verstehen ... Nach dem, was mir von meinen Seelenführern mitgeteilt wurde, trifft nicht nur die Atemluft und das Trinkwasser die Schuld. Auch die Qualität der Lebensmittel, die elektromagnetischen Felder und die vielen Wellen jeglicher Art, die über die Erde laufen. Diese ganze ›Chemie‹ erschöpft den Körper, besonders den von jungen Frauen, bis sie besonders anfällig für Fehlgeburten oder komplizierte Schwangerschaften werden.* Aber bitte sag du ihm, was da genau passiert ...«

Unsere Gesprächspartnerin hat sich an den Mann in der hellgrauen Kleidung gewandt. Offensichtlich kommen immer wieder Gefühle in ihr hoch, und um sich nicht noch mehr aufzuregen, überlässt sie lieber ihm das Wort.

»Ja, Marie ...«, ergreift er sofort die Chance. »Es ist wohl besser, wenn ich weiterrede. Du bist erst zu kurz hier, und es nützt nichts, wenn du wieder anfängst, dich selbst zu verletzen.

* Aktuell endet auf dem nordamerikanischen Kontinent laut offizieller Statistiken jede dritte Erstschwangerschaft als Fehlgeburt.

Wissen Sie«, sagt er jetzt und blickt mich dabei intensiv an, »heute wird bedenkenlos alles darangesetzt, dass der menschliche Körper sein fundamentales Gleichgewicht und seine Selbstregulierung verliert. Sie konnten es ja selbst schon einige Male feststellen, die Grenze zwischen den Welten ist wesentlich durchlässiger als man meint. Indem man auf tausenderlei Arten den physischen Körper vergiftet, zerstört man gleichzeitig auch die Struktur seines feinstofflichen Gegenparts. Natürlich meine ich damit nicht den ›Seelenkörper‹, sondern das, was Sie traditionell den Ätherkörper nennen, das heißt das Feld organisierter Kräfte, welches die physische Wirklichkeit eines Organismus stützt.

Genauso wie man sagen kann, dass manche Krankheiten infolge einer Information aus der feinstofflichen Welt entstehen, ist es auch nicht zu verleugnen, dass die irdische Umweltverschmutzung Auswirkungen auf den Ätherraum hat.

Den physischen Organen, die immer stärker von vielen Giften angegriffen werden, sind die Drüsen und insbesondere die Hormondrüsen vorgeschaltet. Jede davon steht in direkter Beziehung zu einem bestimmten Chakra, das ihnen normalerweise seine Informationen mitteilen sollte.

Was aber heute geschieht, stellt immer häufiger alles auf den Kopf. Damit meine ich, dass die Befehle der Chakren an das endokrine System und an verschiedene Bereiche des physischen Körpers immer schwächer werden im Vergleich zu den Befehlen, die der physische Organismus aus der materiellen Welt erhält.

Verstehen Sie ... Die Aggressionen, die den Körper immer gewaltsamer und konstanter bombardieren, sind inzwischen oft mächtiger als die Ausgleichsfunktion, die das Energiesystem der Chakren ausübt.

Sie wissen ja, dass der Körper einer jungen Frau, die gerade schwanger geworden ist - besonders zum ersten Mal - eine enorme Wandlung durchmacht. So werden einige ihrer Energiezentren manchmal veranlasst, erstmals in einem anderen Rhythmus zu arbeiten. Wenn diese aufgrund der genannten Faktoren aber bereits leicht destabilisiert wurden, ist das Risiko einer Fehlgeburt relativ hoch. Oft ist eine zweite Schwangerschaft notwendig, bei der der feinstoffliche Körper dann besser reagiert und auf seine Art kompensiert, da er ja auf dieser Ebene schon einmal gefordert wurde.«

»Zusammengefasst«, unterbricht ihn Florence, »bedeutet das also, dass der Körper junger Frauen zunehmend zu einem ›ersten Versuch‹ gezwungen wird, bevor er eine Schwangerschaft überhaupt zu Ende führen kann?«

»Ganz genau! Der menschliche Körper ist heute so neuartigen und starken Spannungen ausgesetzt, dass er in hohem Maße durcheinandergerät. Aber beachte, Florence, nicht nur das, was man durch den Mund zu sich nimmt oder durch die Nase einatmet, schädigt den Körper manchmal so sehr, dass seine innersten Strukturen zerstört werden. Es ist auch sein Schwingungsraum im weitesten Sinne des Wortes.

Ich rede hier von der wahren Armee aus Wellen und Magnetfeldern, die ihn pausenlos attackieren. Ich rede von Mikrowellenöfen und Mobiltelefonen, die immer leichtfertiger benutzt werden und deren Giftigkeit niemanden kümmert. Und ich rede auch von Hochspannungsstrom ...*

Wie ist darauf zu reagieren? Ich kann nur darauf hinweisen. Die Welt der Seele sendet unaufhörlich Signale an ihre irdische

* Ergänzend ist anzumerken, dass die US-amerikanischen Streitkräfte aktuell die Eigenschaften von elektromagnetischen Wellen (unter anderem durch das HAARP-Projekt) erforschen, um die Ionosphäre unseres Planeten zu beeinflussen. Eines der Forschungsziele ist es, eine Art elektrischen »Antennenbogen« zu erzeugen, der aus vielfältigen taktischen Gründen einen Regen aus elektromagnetischen Strahlen über bestimmte Bereiche niedergehen lassen soll. Neben den eingestandenen militärischen Zwecken sind die Projekte auch wirtschaftlich und politisch motiviert und haben zum Ziel, das meteorologische Gleichgewicht der Erde zu verändern (s. D. Meurois und A. Givaudan, »Par l'esprit du Soleil«) und mittels extrem hoher oder niedriger Frequenzen die Hirnfunktionen zu beeinflussen, Gesundheitsprobleme zu erzeugen und psychologische Konflikte zu schüren ... wo dies für »notwendig« erachtet wird.

Verlängerung, aber sie wird keinen Zauberstab für eine Menschheit schwingen, die sich beharrlich weigert, ernsthaft über diese Vorgänge nachzudenken.

Weisheit, Florence, erarbeitet man sich am Fundament der menschlichen Pyramide, in der Materie, mit Füßen und Händen im Lehm. Sie kommt nicht ›von oben‹, denn sie muss immer selbst gefunden werden, wenn sie ihren Namen zu Recht tragen soll.

Das Netz der *Nadis*, sozusagen der Blutkreislauf des feinstofflichen Körpers, wird gerade bei sehr vielen inkarnierten Männern und Frauen stark geschwächt oder beschädigt. Die Kurzschlüsse darin häufen sich und verursachen alle möglichen neuen, mysteriösen Krankheiten.

Da überrascht es nicht, dass besonders die Fortpflanzung in Mitleidenschaft gezogen wird. Die endokrinen Systeme beider Geschlechter werden beide auf ihre Weise angegriffen, und man muss mit immer mehr Auffälligkeiten rechnen ...

Sie sehen also«, fährt der Mann in der hellgrauen Kleidung in absichtlich leichterem Tonfall fort, »zwar gibt es viele Gründe, warum manche nicht mehr auf die Erde zurückkehren wollen, aber es gibt auch zahlreiche Gründe, warum sie daran gehindert werden. Aber trotzdem muss das Leben sich ja irgendwie fortsetzen!

Das Drama liegt darin, dass man ohne eine gewisse Seelenreife noch nicht versteht, was für ein unschätzbar wertvolles Geschenk es ist, einen Körper in einer Welt wie der Erde zu erhalten. Viele fassen das aber als Strafe oder Bürde auf ...«

»Aber oft ist es doch genau das!«, ruft Florence aus, und Marie antwortet ihr sofort.

»Weil das Verständnis fehlt und die Einfachheit ... Haben wir uns nicht hier versammelt und sprechen miteinander, um wieder einmal zu versuchen, das zu ändern? Alles ist so einfach, wenn man es mit dem intuitiven Verständnis des Herzens betrachtet ...«

»Aber gibt es das denn überhaupt?«, protestiert Florence wieder voller Bitterkeit, die humorvoll klingen soll.

»Oft müssen wir erst etwas verlieren, um zu erkennen, dass uns etwas fehlt ... Die Freiheit, die uns geschenkt wird, ist dazu da, um uns zu solchen Erkenntnissen zu verhelfen. Verstehst du ... Das Geschenk der Freiheit birgt viele falsche Fährten, in deren Fahrspuren wir stecken bleiben, bis wir gezwungen sind, uns unseren hochmütigen Starrsinn einzugestehen.«

»Freiheit? Glaubst du etwa, wir alle hier hätten aus unseren schmerzvollen, frustrierenden ›Nichtgeburten‹ wirklich einen Nutzen gehabt? Ich sehe eher, dass wir in einer Präzisionsmechanik gefangen sind, die man Karma nennt und die uns nichts durchgehen lässt ... Ich würde nichts weiter verlangen, als ein neues, einfaches, schönes und reines Leben beginnen zu können, ohne erst einen Hindernislauf absolvieren zu müssen, um geboren zu werden, und dann die Bürde einer Vergangenheit mitschleppen zu müssen, an die ich mich überhaupt nicht erinnere!«

Diesmal hat Marie zu dem Mann in der hellgrauen Kleidung gesprochen. Doch der reagiert nicht. Er weiß, was geschehen wird. Und auch ich habe es begriffen ...

Innerhalb eines Wimpernschlags ist Maries Präsenz verblasst und dann vollständig aus unserem Kreis verschwunden. Ihr Zorn hat sie an einen anderen Ort getragen. Es ist ein geistiger Raum des Universums, ein Bewusstseinsbereich, der ihrer momentanen inneren Wirklichkeit entspricht.* Marie wird an diesem anderen Ort ihr Gewitter durchleben, allein oder mit anderen, und dann hierher zurückkommen, um ihre Heilung abzuschließen ...

* Tatsächlich handelt es sich um dasselbe Phänomen, das wir alle im Traum erleben, wenn die Umgebung, durch die wir uns bewegen, sich plötzlich verändert, oder die Personen, denen wir dort begegnen, ihr Aussehen einfach übergangslos verändern. Es geht hier nicht um »Fantasien« im klassischen Sinne, sondern um Wirklichkeiten holografischer Natur, die in anderen Welten oder auf anderen Bewusstseinsebenen erlebt werden.

»Aber ein bisschen recht hatte sie doch ...«

Florence blickt den Mann in der grauen Kleidung eindringlich an. Auch ihre Anwesenheit empfinde ich als schwach, als hätte sie gerade einen Teil von Maries schmerzvollen Fragen auf sich genommen.

»Wir haben alle recht in der Welt, in der wir leben, weißt du ... Weil eine Welt zunächst einmal eine innere Wirklichkeit ist, die wir uns selbst erschaffen und in die wir Dinge stellen, die mit uns in Resonanz sind. So ist das ... Der Verstand bewegt und formt sich entsprechend der Höhe, die man fähig ist zu erreichen. Darin gleicht er der Wahrheit ... nicht, weil er eine Illusion ist, sondern vielmehr, weil er sich aus zahlreichen Facetten zusammensetzt. Die meiste Zeit über bemerken wir an unserem Aufenthaltsort den multidimensionalen Diamanten des Lebens gar nicht, ganz einfach, weil unser Auge sich an eine seiner Facetten geheftet hat.

Marie hat das Karma beschuldigt, ein unerbittlicher Mechanismus ohne Mitgefühl zu sein, weil es uns mit ›Viren‹ auf die Welt schickt, die wir nicht oder kaum verstehen. Auf den ersten Blick ist ihr Zorn verständlich ... Aber nur, solange man nicht den Schöpfer des Gesetzes von Ursache und Wirkung erkannt hat. Ist es der, den wir Göttlichkeit nennen? Nein, gewiss nicht ...

Karma ist eine Erfindung der Zeit ... die ihrerseits eine Erfindung einer der Manifestationen ist, die das Bewusstsein für die Lebenswelle der derzeitigen Schöpfung gewählt hat.

Was wir Gott nennen, wisst ihr, ist jenseits all dessen. Bildhaft könnte ich sagen, dass wir in unserem Verständnis nicht höher gelangen können als bis zu Seiner Ferse, so ungeeignet ist unser Vorstellungsvermögen dafür.

Karma? Der Gang des Lebens, den wir immer weiter aufrechterhalten, hat es als Mittel des Ausgleichs und der Regulierung erschaffen. Und wir nähren es immer weiter, sobald wir uns freiwillig kollektiv in diese Art geistiges Gefängnis begeben, das die Zeit ist.

Wisst ihr, auch ich habe mich viele Male aufgelehnt, bevor ich überhaupt so zu euch sprechen konnte. Die Fähigkeit zur Rebellion ist eine der wertvollsten Gaben, die das Leben uns mitgegeben hat. Sie ist Bewegungsenergie und damit heilsam.

Seid wegen Marie nicht betrübt. Sie folgt ihrem Weg wie wir alle. Das Leben oder das Göttliche gibt uns oft das Gefühl, uns zu irren oder zu Unrecht beizutragen, aber glaubt mir, es gibt *nicht ein einziges Hindernis*, das keinen Sinn hat.

Auch dort, wo Geburt und Tod entworfen und geplant werden, lernt man das, vielleicht sogar ... noch vor allem anderen!«

7. Kapitel

Geschenk des Friedens

Wieder habe ich Tage, Nächte und Wochen verstreichen lassen, ohne sie zu zählen. Ich habe sie vorüberziehen lassen bis zu diesem Morgen, an dem mein Seelenkörper das dringende Bedürfnis verspürt, sich in den Raum emporzuschwingen. Ohne mich zu widersetzen und ohne zu wissen, welchen Hafen ich ansteuern muss, habe ich die Weiten überwunden.

Und so befinde ich mich nun zum zweiten Mal in Emilies kleiner möblierter Wohnung. Die Atmosphäre darin ist unruhig. Sie springt mich direkt an.

Pierre ist da, steht vor der Wohnungstür, ergreift immer wieder die Türklinke und lässt sie wieder los, wie um anzudrohen fortzugehen. Er ist bleich, fast aschfahl; offensichtlich erstickt er fast an einem Zorn, den er nicht auszudrücken vermag. Um ihn herum ist nichts als ein graubrauner Wirbel ... die Sekrete seiner leidenden Seele, Energiemassen, die in die Materie der Wohnungswände eindringen werden.

Émilie sehe ich auf dem Bettrand sitzen, ihr Augen sind rot und ihr Kopf dreht sich ihm zu, den sie nicht sehen kann, aber dessen kleinste Bewegungen sie spürt. Die dünne Gipswand, die sie trennt und durch die sie noch versuchen miteinander zu sprechen, ist in Wirklichkeit zu einer dicken Mauer geworden.

»Ich ertrage es einfach nicht mehr, dass du das immer noch mit dir herumträgst!«, stößt Pierre schließlich hervor. »Siehst du nicht, dass du dich damit kaputtmachst und mich gleichzeitig mit?«

»Hör dir doch mal selbst zu ... Warum bezeichnest du *sie* immer noch mit diesem Wort? Das! *Das*!«

Zwischen zwei Schluchzern bleiben Émilie die Worte im Hals stecken. Pierre antwortet nicht. In seiner Sackgasse weiß er nichts mehr zu sagen. Am anderen Ende des Flurs hört man schroff die Tür zufallen. Er ist fort, verschlungen von seiner eigenen Einsamkeit.

Ist das die Trennung? Von meinem Beobachtungsposten aus bin ich mir fast sicher. Pierre und Émilie leben auf zwei zu unterschiedlichen Planeten. Der erste ist nur rationaler Verstand, der andere ist mit Schuldgefühlen gepflastert. Welches Wesen könnte hier bloß etwas unternehmen, eine Brücke zwischen ihnen schlagen?

»Ich sicher nicht ... Es ist besser so, glaube ich.«

Die Stimme, die hier murmelnd ihre Meinung geäußert hat, gehört Florence. Plötzlich ist die junge Frau in meinem Lichtraum aufgetaucht; auch sie hat alles mitbekommen, alles gehört, was gerade gesagt wurde, bis zu den Gedanken, die mich beschäftigen und die sie im Flug aufgeschnappt hat. Im Bruchteil einer Sekunde ist sie mitten in meinem Gesichtsfeld aufgetaucht.

Auch sie hat ihren Planeten gewechselt, scheint mir. Ihr Lächeln ist breiter, voller, friedlicher ... und vor allem trägt Florence nicht mehr ihr langes, blaues Kleid, das nur noch die Traurigkeit ihrer Seele ausgedrückt hatte. Jetzt ist sie ganz in Gelb gekleidet, wie um auf die Sonne hinzuweisen, die sie wiedergefunden hat. Wenn nur Émilie sie so sehen könnte! ... Émilie, die sich auf ihr Bett gelegt hat und laut schluchzend weint, das Gesicht im Kissen vergraben.

»Nein, ich werde ganz sicher keine Brücke schlagen«, beginnt Florence leise wieder, während sie sich Émilie zuwendet und ihr mit der Hand durch das Haar fährt. »Zwei Flussufer müssen dasselbe Lied singen, um sie zusammenführen zu können. Ich weiß, dass ihre gemeinsame Geschichte hier in diesem Leben endet, mit meinen Seelenführern habe ich das deutlich gesehen.

Es ist kein Misserfolg, nein ... Man meint immer, es sei ein Misserfolg, wenn ein Band zerrissen ist. Aber warum eigentlich? Das echte Band der Liebe befreit, es bindet niemals. Zwei Herzen, die Schweigen wählen, um ihre Differenzen auf neutralem Boden unter den Tisch zu kehren, säen in sich und um sich herum nur Zwietracht und Leid ...

Kannst du mich hören, Émilie? Man muss lernen, die Wahrheit zu sehen und kein Drama daraus zu machen. Ein Misserfolg ist es nur dann, wenn man so tut, als würde man dieselbe Sprache sprechen ...«

Auf dem Teppichboden lässt der Radiowecker unverdrossen seine riesigen, grünen Ziffern aufleuchten. Es ist halb zehn vormittags ...

Émilie wird heute nicht in ihre Vorlesungen gehen. Sie wäre einfach nicht dazu in der Lage. Sie befreit ihre Füße von ihren Sandalen und sucht tastend etwas in ihrer Handtasche neben dem Bett. Ich weiß sofort, was es ist ... eine kleine Dose mit Schlaftabletten. Hektisch entfernt Émilie den Plastikdeckel und nimmt zwei weiß-rosafarbene Tabletten heraus, bevor sie wieder in einen Weinkrampf verfällt. Vielleicht ist es gut so ... Vielleicht muss sie einfach nur schlafen, statt sich mühsam unter Tränen durch den Tag zu quälen.

»Deshalb habe ich Sie gerufen«, sagt mir Florence ruhig, während sie weiter mit der Hand durch Émilies Haar streicht. »Ich sah, was sich anbahnte ... Sie wird nicht lange brauchen, um in den Schlaf zu sinken, und mit ein bisschen Glück werden wir sie nochmals treffen können. Erinnern Sie sich? Sie aufhalten, sobald sie aus ihrem Körper tritt, sie umarmen, mit ihr reden ... Das ist die einzige Lösung für sie und mich.«

»Und Pierre? Hast du nicht versucht, auch mit ihm so in Kontakt zu treten?«

»Ich habe es versucht, aber es hat nichts genützt. Er hat viel Abstand zwischen seine Seele und seinen Körper gebracht, hat also gar keine Erinnerung mehr an die wenigen, kurzen Gespräche, die ich mit ihm führen konnte. Es ist so ... Seine Entwicklung und Empfindsamkeit sind so anders als meine, dass sein Bewusstsein mir sofort entgleitet und sich auf eine Lebensfrequenz begibt, zu der ich keinen Zugang habe.

Er wäre ein sehr guter Vater gewesen, das weiß ich, das hat damit gar nichts zu tun ... Aber seine Vorstellung von *dem, was ist*, ist meiner so fremd, dass unsere Seelen nicht wirklich auf derselben Existenzebene zusammenkommen können. Er hat einen anderen Weg eingeschlagen, das ist alles.

Er bleibt weiter konsequent in seiner eigenen Welt. Deshalb kann sein Denken niemals die Grenzen überschreiten, innerhalb derer er ja gut zurechtkommt. Er hat sich eine Logik aufgebaut und hält daran fest ... wie die meisten Leute. Das weiß er übrigens auch: Wenn er sein Schutzgeländer loslässt, bekommt er Angst. Ein freier Fall in die Unendlichkeit des Lebens gefällt nicht jedem! Das ist auch ein bisschen der Grund, warum er nie krank ist ... Indem er seine Seele ›zubetoniert‹ hat, hat er auch seinen Körper ›zubetoniert‹!«

»Du meinst also, dass man sich empfindlicher macht, sobald man beginnt, sich echte Fragen zu stellen ...«

»Ganz genau! Wenn man sich fragt, was vor und nach dem Leben ist, wenn man akzeptiert, sich in das Wie und Warum zu vertiefen, geht man zunächst einmal das Risiko ein, stark ins Schwanken zu geraten. Dann kommt es dazu, dass der physische Organismus aus dem Takt gerät ... bis ihm an jeder Seite seines Herzens sozusagen Flügel wachsen, dank derer er nach Jahren des Leids und der Mühsal wieder sein Gleichgewicht findet!«

»Und was ist nun mit Pierre?«

»Es ist seine eigene Geschichte ... Seine Entscheidungen sind allein seine Sache. Aber er ist ein guter Mensch. Er wird sich nicht immer aus Selbstschutz anlügen können. Sie wissen ja ... die Wirklichkeit der Seele ist nichts Optionales. Selbst wenn wir sie leugnen, verfolgt sie uns und taucht irgendwann wieder auf ... Die Lebensintelligenz entwirft manchmal unglaubliche Drehbücher!

Sehen Sie Émilie? Nun, inzwischen bin ich mir sicher, dass sie durch die Ablehnung ihres Kindes Gelegenheit haben wird, eine andere Dimension ihres Wesens kennenzulernen. Sie wird eine Mauer einreißen müssen, die Mauer ihres Schuldgefühls.«

Ich betrachte Florence, während sie zu mir spricht, immer noch mit der Hand im Haar der Frau, die ihre Mutter hätte sein sollen, und kann nicht umhin zuzugeben, dass sie nicht mehr dasselbe menschliche Wesen wie vor einigen Monaten ist. Das Labyrinth, aus dem sie endlich herausgefunden hat, hat ihr Herz geweitet.

Im Zimmer ist allmählich Ruhe eingekehrt. Das lange Weinen der jungen Frau ist abgeflaut, um dann ganz zu versiegen und einem langsamen, erschöpften Atmen zu weichen. Florence tritt jetzt zu mir an das Fußende des Bettes, und wir betrachten die verlassene Émilie, deren Fäuste sich immer noch nicht ganz von ihrem Kissen gelöst haben.

Plötzlich rührt sich Émilies Körper ... Ich meine, ihr Seelenkörper, ihre Lichtgestalt. Sie steht uns fast direkt gegenüber, mit verstörtem Blick. Hat sie uns bemerkt? Ich glaube nicht. Eher macht sie den Eindruck, dass sie gerade aufwacht und versucht, ihre Tränen wegzuwischen, um sich zu erinnern, wer sie ist.

Doch rasch findet sie Florences Blick und versenkt sich darin ...

»Du schon wieder? Ach, lass mich doch in Ruhe ... Du siehst doch, ich bin zu nichts mehr gut. Warum verfolgst du mich? Hast du überhaupt kein Mitleid mit mir?«

Zur Antwort versucht Florence, die junge Frau in ihre Arme zu schließen, als wäre das Kind, dass sie hätte sein sollen, plötzlich zur Mutter geworden. Aber Émilies Gestalt entweicht ihr, still und leise ist sie zwischen die Lichtpartikel in einer Zimmerecke geschlüpft.

»Und der da, wer ist das?«, fragt sie verdrossen, als sie mich entdeckt.

»Ein Freund ...«

»Ach ja, stimmt ... Du hattest es mir ja schon gesagt ... Hör zu, Florence, lass mich in Ruhe ... Gestern habe ich Fotos in einer Zeitschrift gesehen. Unglaubliche Bilder, mit zwei Monaten, drei Monaten, sechs Monaten ... Man könnte meinen, dass sich alles gegen mich verschworen hat, um mich leiden zu sehen, und dass man sich ›da oben‹ die größte Mühe gibt, damit es mir noch elender geht. Klar kann ich mir sagen, dass das nicht stimmt, aber vor mir ist ... irgendein Abgrund, und ich kann nichts tun.«

Unwillentlich wendet sich meine Aufmerksamkeit von dem Gespräch oder eher von Émilies Klagen ab. Ich weiß genau, dass sie sich um sich selbst dreht wie eine alte Schallplatte und dass sich bei jedem ausgesprochenen Satz die Rille ihres Leids ein bisschen tiefer eingräbt. Diese Rille ist zu einem wahren Gefängnis geworden, dessen Wände ihren Horizont allein auf ihr Schuldgefühl begrenzen.

So ist es oft bei jenen, deren Seele leidet; sie stecken in einer Fahrspur fest, oft, weil sie nicht den tieferen Sinn des Erlebten verstehen, weil sie nicht nach oben schauen, da unsere kulturellen Konditionierungen es nicht erlauben.

»Das ist gut, und das ist schlecht ...« Unsere Gesellschaft hat uns beigebracht, nur nach diesen beiden kindischen, dualistischen

Prinzipien zu handeln. Folglich schieben sich das »Gute« und das »Schlechte« auf ewig die Verantwortung auf der Leinwand unseres Bewusstseins zu, das von Jahr zu Jahr immer mehr einem Schlachtfeld ähnelt.

»Aber unsere Schlachten wählen wir selbst!«, will ich Émilie am liebsten ins Ohr flüstern, die immer noch Florences Umarmung ausweicht. »Wenn du dich von einer Vergangenheit auffressen lässt, die dir nicht guttut, wenn du Krieg gegen einen Teil deiner selbst führst, der dir missfällt oder für den du dich schämst, dann wirst du niemals etwas anderes tun, als immer nur neue Rüstungen anzulegen, um unaufhörlich gegen dich selbst ins Feld zu ziehen.

Weißt du, den Frieden einzuladen heißt nicht, unsere Rechte und unser Leid zu leugnen, und auch nicht, Augen und Ohren zu verschließen, sondern es heißt, den Mut zu haben, unseren fast genetischen Reflex der Zerstörung oder Selbstzerstörung zu überwinden. Es gibt so viele Dinge, die nur darauf warten, erschaffen zu werden!«

Leider hat Émilie nicht mitbekommen, was ich gedacht und aus Diskretion nicht vor ihr ausgebreitet habe. Sie hat sich in ihrer Welt der Hilflosigkeit eingerichtet und beginnt, sie weiter um sich herum auszubauen. Schon bald wird ihr Zimmer nicht mehr dasselbe sein. Sie ändert seine Struktur mit der Welle der Bitterkeit, die sie in sich aufsteigen lässt. Sie nimmt uns auf ihre Frequenz mit ... und alles, was existiert, wird nun von ihrem Blick eingefärbt.

Wir befinden uns in einer windgepeitschten Wüste ... Windstöße erzeugen Wirbel aus Sand, die vom Boden zum ockerfarbenen Himmel hinaufwehen und am Horizont dahinziehen. Nichts gibt einen Ton von sich; die Stille ist trocken, leer von Leben.

Émilie hat sich in den Staub dieser Szenerie fallen lassen, die jäh aus ihrer flüchtenden Seele entstanden ist. Sie projiziert ihre

Einsamkeit um sich wie eine Welle, die alles unter sich begraben will. Auch Florence ist da. Sie hat sich neben ihr hingekniet und es geschafft, ihre Hand zu nehmen.

»Ich bin bei dir«, sagt sie sanft zu ihr. »Ich existiere, ich atme, ich lebe, mein Herz schlägt ... Du siehst, du hast mich nicht getötet ... Man kann das Leben nicht töten, das ist unmöglich! Manchmal schafft man es zwar, es ein bisschen abzuwehren ... aber dann sucht es sich eben einen anderen Weg. Genau das ist passiert, verstehst du? Kein Grund, deswegen zu sterben oder die Sonne zu verdüstern!

Hörst du mir zu, Émilie? Schau mich an ... Du bist nicht mehr meine Mutter, ich bin nicht mehr deine Tochter. In Wirklichkeit sind wir nur zwei menschliche Wesen, die versuchen, so gut voranzukommen, wie sie eben können. Manchmal gemeinsam, manchmal allein ... aber immer so gut wie möglich. Ja, es passiert, dass wir schöne Seiten schreiben, auf die wir stolz sind, und andere, die wir am liebsten herausreißen und zusammenknüllen würden, um sie in den Papierkorb zu werfen. Und dann? Was geschehen ist, musste wahrscheinlich geschehen ... Die Freiheit, unser Leben zu lenken, ist gleichzeitig auch die Freiheit, nicht immer alles zu verstehen oder zu meistern. Auch das hat seinen Anteil an der Schönheit eines Wesens, meinst du nicht?«

Émilie weigert sich, Florence anzuschauen. Sie hat ihren Blick auf den trockenen Sand gerichtet und scheint noch nicht einmal bemerkt zu haben, wie einfühlsam die Worte waren, die gerade an sie gerichtet wurden. Hat sie nur irgendetwas gehört? Sie ist die Wüste. Sie sitzt darin in ihrem kleinen Bademantel aus knittriger Baumwolle, auf dem eine Comicfigur prangt und den sie sonst nachlässig im Bett trägt. Er dient ihr als Anhaltspunkt, sie hat ihn geistig in diesen Bereich ihrer Seele mitgenommen.

»Meinst du nicht, Émilie?«, fragt Florence erneut. »Willst du dich weiter so krank fühlen?«

»Aber ich bin nicht krank!«

Die junge Frau ist aufgesprungen und hat sich mit einer lebhaften Geste von Florences Hand befreit.

»Irgendwie ist das doch das Gleiche ... Wenn man sich schuldig fühlt und diese Schuld immer wieder bei einem anklopft, ist das fast wie ein Virus, der in alle Systeme des Körpers eindringt. Man stirbt ab, man hat an nichts mehr Freude, man wird empfindlich ... Wenn du das keine Krankheit nennst!«

»Bitte hör auf ... Ich bin einfach nur schrecklich traurig. Traurig und allein ... mit dem Gefühl, etwas vermasselt zu haben.«

»Du hast das Recht, traurig zu sein ... Weine dich richtig aus, wenn du das brauchst! Und entleere dich von allem, was die Erinnerung an diese Traurigkeit aufrechterhält. Das ist richtig so, ich werde gar nichts Gegenteiliges behaupten. Ich will nur nicht, dass du dich hier einrichtest, in dieser Sackgasse ... dieser sinnlosen Wüste.

Was ich versuche dir zu sagen, ist: Traurigkeit, Gewissensbisse und alles dieser Art - nun, man gewöhnt sich schnell daran, mit ihnen gemeinsam unter der Bettdecke zu schlafen! Irgendwann vergisst man, dass sie da sind und dass sie es sind, die alles ausgewählt haben bis hin zum Tapetenmuster unseres Zimmers. Sie haften unserer Seele an, aber wenn man sie dann doch bemerkt und sie nicht mehr haben will, laden sie sich trotzdem weiter selbst ein, so gemütlich haben sie es sich bei uns gemacht ...

Also, reagier schnell, Émilie! Ich bin hergekommen, um dir das zu sagen. Beweg dich, tu irgendetwas, aber richte dich hier nicht ein! Das Leben muss durch dich hindurchfließen, und das kann es auf tausenderlei Arten! Du hast nichts zu bekämpfen. Deine Unzulänglichkeiten? Deine Schwächen? Ja, und? Das menschliche Wesen ist keine Maschine, dazu bestimmt, immer dieselbe Reaktion abzuspulen; es ist kein Roboter mit fehlerlosen Gesten, und genau deswegen kann es inmitten aller Schwierigkeiten

Größe zeigen. Vielleicht sogar *insbesondere* inmitten aller Schwierigkeiten?

Einsamkeit, Zurückweisung, Gewissensbisse, Unverständnis ... Auch ich habe all das durchgemacht, auf meine Weise und vor gar nicht allzu langer Zeit ... Schau mich jetzt an! Habe ich mich etwa nicht wieder erholt? Auch um dir das zu sagen, bin ich hergekommen. Auch wenn du das hier für einen Traum hältst, auch wenn du diesen Moment aus deiner Erinnerung streichen wirst, will ich, dass diese wenigen Worte tief in deinem Herzen eingemeißelt bleiben.

Du bekommst von mir kein Mitleid, du wirst niemals meine ›arme kleine Émilie‹ sein, der das Leben nichts erspart hat und deren Freund nicht zwischen den Zeilen lesen konnte. Nein ... Du bist eine Frau, eine Erwachsene und ganz einfach ein menschliches Wesen, das lernt ... noch menschlicher zu werden.

Was ich dir gerne geben würde? Meine wiedergefundene Freude. Eine Freude, die zuallererst mit der Fähigkeit beginnt, *wieder aufzuleben* ... Das erstaunt dich, nicht wahr, wieder aufleben zu können! Aber das Geheimnis liegt genau darin, im Wiederaufleben! Ich werde dir nicht scheinheilig sagen, dass das Leben einfach ist und man nichts weiter zu tun braucht, als einfach mit verbundenen Augen von einer Sache zur nächsten zu gehen und alles geschehen zu lassen. Nein, es ist nicht einfach, das ist wahr ... Aber ich sage dir, dass wieder aufzuleben zuallererst bedeutet zu lernen, niemals das Wesentliche aus den Augen zu verlieren ...«

»Das Wesentliche? Dann reden wir doch darüber! Was ist denn das Wesentliche?«

»Es ist ... nicht mehr und nicht weniger als das, was *da* lebt ... genau *da*!«

Und ganz sanft, mit unendlicher Zartheit, legt Florence ihre Hand auf die Mitte von Émilies Brust. Sie lässt sie lange dort liegen, lange ... so lange, dass mir scheint, als würden die beiden jungen Frauen innerlich zueinander in einer Sprache sprechen, die ich nicht verstehe, in einer geheimen Sprache, die nur ihnen gehört und die die geduldig gereifte Frucht ihrer gemeinsamen Geschichte ist.

Ich erhalte gerade eine wahre Unterweisung. Florence ist keine Meisterin der Weisheit, aber das Leben fließt in ihr ... weil sie entschieden hat, es sich ausbreiten zu lassen. Dieses Leben flüstert uns zu, dass wir alle mit unseren Begegnungen, Auseinandersetzungen und Zurückweisungen einfach nur lange, gemeinsame Geschichten schreiben, Geschichten, in denen die Liebe das höchste Ziel ist.

Liebe? Ja, das große Wort ist gefallen! Aber welche Liebe denn? Seltsamerweise vielleicht zunächst einmal die Eigenliebe. Aber keine narzisstische Liebe ... sondern die Liebe dessen, der in uns wohnt und uns beständig dazu anhält, uns weiterzuentwickeln. Diese Eigenliebe ist die Liebe des Göttlichen, *die* Macht, die sich überall einschleicht. Überall! Sie keimt sogar an Orten, die man für die dunkelsten aller Abgründe hält.

Diese Macht hat nichts mit Religiosität zu tun. Sie kündet nur von dem, was in jedem von uns wohnt und was wir hinter den Zerrspiegeln unserer Kulturen versuchen zu erkennen, von einem Leben und Drehbuch zum anderen.

Sie und nichts anderes ist es, die in uns aufleben will und in tausend Flusswindungen versucht, uns zu lehren, uns selbst mit liebevollem Blick zu betrachten. Denn das ist schwer! Unser gewohnheitsmäßiger Blick nämlich, der, mit dem wir uns tagtäglich im Spiegel betrachten, ist dermaßen darauf getrimmt zu urteilen und sich beurteilen zu lassen, dass er alle unsere Einstellungen und Handlungen prägt.

»Ich wünsche mir also, dass liebevolle Nachsicht dein Weg ist, Émilie. Niemand hat etwas in dieser bitteren Wüste zu suchen, in der du deine Einsamkeit versteckst. Du kannst die Dürre beseitigen – es hängt nur von deiner Entscheidung ab. Ja, du bist es, die entscheidet! Wenn du dein Leben wirklich leben willst und dein Haus keinen Keller voller drückender, modriger Erinnerungen haben soll, dann musst du *jetzt* handeln.

Verzeihen? Du hast dir nichts zu verzeihen, auch niemand anderem! Lass dich nicht in diesem Spinnennetz fangen! Mag sein, dass du unbeholfen warst oder nicht genug Weitblick hattest ... Ja, das kommt vor ... Aber sage dir selbst, dass jemand, der sich nie ins Ungewisse begibt, auch nie riskiert, sich zum Besseren zu verändern. Unser Weg führt uns zwangsläufig durch jedes Wetter und alle möglichen Landschaften. Das ist der Beweis dafür, dass das Leben in uns pulsiert und wir nicht schlafen. Es gibt nichts Schlimmeres als den Schlaf des Stillstands, als ein Leben, in dem nichts passiert!

Sich zu irren ist nicht schlimm. Schlimm ist nur, niemals etwas zu versuchen oder zu entscheiden, auf der Autobahn der Existenz zu fahren und immer nachzuschauen, ob man auch ja richtig angeschnallt ist. Dann stirbt man!

Also sieh mich jetzt an, Émilie! Trau dich! Ich lebe, siehst du ... und zeige nicht mit dem Finger auf dich! Ich lächle dich an, und ich warte auf dich ... Ich werde so lange auf dich warten, wie es sein muss ... Bis das Göttliche wieder eine große Brücke zwischen uns schlägt. Ich weiß nicht, ob das schon bald sein wird oder ... wesentlich später, aber das ist überhaupt nicht wichtig, denn es wird in jedem Fall richtig sein.«

Émilie hat Florence endlich in die Augen geschaut. Und nun versucht sie sogar selbst, schüchtern ihre Hand zu ergreifen. Aber die Wüste ist immer noch da. Die Szenerie ist immer noch tief in ihrer Seele verankert. Es wird wohl noch etwas dauern, bis Émilie nicht mehr darin umherwandert.

Florence sucht jetzt meinen Blick. Ich weiß gar nicht, ob ich in diesem Raum aus Sand und Staub, der sich so rasend schnell in Émilies Zimmer ausgebreitet hat, überhaupt zu erkennen bin.

»Ich weiß, was geschehen wird ...«, ruft sie plötzlich in mir, als könnte ihre Gesprächspartnerin sie nicht mehr hören. »Ja ... Ich habe gesehen, wie das Leben die Karten neu zwischen uns verteilt hat.«

»Zwischen Émilie und dir?«

»Ja ... Oh, es ist so einfach, so schön und klar! Ich hatte aus ganzem Herzen darum gebeten, und gerade habe ich die Antwort erhalten. Jetzt ist sie in mir zur Gewissheit geworden ...«

»Kannst du mir mehr darüber sagen?«

»Da gibt es kein Geheimnis ... Es darf keines geben, denn ich hatte Ihnen ja gesagt, ich will durch meine wenigen Schritte mit Ihnen alle informieren, unterrichten und beruhigen, die sich die wahren Fragen des Lebens stellen.

Also hören Sie ... Wenn der Moment gekommen ist, werde ich auf die Erde zurückkehren. Ich werde wieder einen Körper annehmen, den eines ganz kleinen Kindes, das von seinen Eltern verlassen wurde, weil sie keine Verantwortung für es übernehmen konnten. Für das Kind werden dann andere mögliche Eltern in Erscheinung treten. Die Mutter wird Émilie sein, das weiß ich. Sie wird mich adoptieren. Hierdurch wird sie auf jeden Fall wieder Frieden finden. Es wird unsere gemeinsame Lösung sein, eine wiedergefundene Liebe und Vertrautheit, die unsere Narben zum Verschwinden bringen werden. Die Rahmenhandlung für die ganze Geschichte steht bereits ... Ist das nicht schön?«

Ich fühle meine Seele lächeln ...

»Ja, Florence ... und so logisch! Aber was weißt du über Adoption, weil du so darum batest? Verläuft das immer so? Kommt darin ein Gesetz des Ausgleichs zum Ausdruck?«

Florence geht auf mich zu, ich nehme deutlich wahr, dass sie sich in Bewegung setzt, und wir betreten einen anderen Raum. Émilies Wüste existiert nicht mehr, sie wurde von einer Welle der Hoffnung hinweggefegt, vom Windstoß eines Lächelns, eines

Plans, eines reinen Seelenwunsches an das Universum und auch vom Windstoß der absoluten Überzeugung, was sein muss.

Drei Schritte ins Licht und ... wir sind zurück auf der Wiese unserer ersten Begegnungen und laufen über das wilde Gras. Auch die Pferde tollen noch in der Ferne herum.

»Adoption? Oh, es kann hunderttausend verschiedene Gründe für eine Adoption geben. Aber vor allem sollte man nicht immer automatisch den ›Ausgleich‹ eines früheren Fehlers daraus machen oder die Tilgung einer alten Schuld. Nein, nein ... Nur die freie Liebe existiert! Es ist ein großes Glück, dass wir nicht immer nur von alten Streitigkeiten oder ›himmlischer Abrechnung‹ getrieben werden!

Von meinen Freunden und Verwandten dieser Welt haben mir sehr viele gesagt, dass sie sich an eine Durchreise mittels Adoption erinnern. Ich wurde sogar unterrichtet, dass es kein menschliches Wesen gibt, das noch nie eine Adoption erlebt hat, als Elternteil und als Kind.

Diese Verbindung von Herz zu Herz, dieser Zuruf der Seele an das Leben gehört einfach zum Lernen von Liebe dazu. Es ist eine unübersehbare Vereinigung des Edelsten im Menschlichen mit dem Universellsten im Göttlichen.

Es stimmt, dass die meisten Adoptionen ein Wiedersehen sind ... aber ein Wiedersehen im Kontext von Hilfe oder Unterstützung zeugt nicht notwendigerweise von einer Schuld, die einmal entstanden ist. Es ist auch der Sieg über die Herausforderung, sich weiterzuentwickeln, den zwei, drei oder mehr Seelen hier erringen wollen. Manchmal ist es ein wahrer Spießrutenlauf, der das Herz auf die Probe stellt und es zwingt, sich zu behaupten und sich selbst zu übertreffen.

Aber wissen Sie, wenn man auf jemanden zugeht, von dem man nichts oder fast nichts weiß, dann geht man in erster Linie auf sich selbst zu, um die eigenen Grenzen zu erweitern und dann zu erkennen, dass sie kaum noch existieren. Es sind immer wir selbst - wir selbst suchen - manchmal verzweifelt - uns in diesem anderen, den wir lieben wollen, und rufen ... ob als Ungeborenes, als zur Adoption freigegebenes Kind oder noch als Erwachsener.«

»Aber *wer* entscheidet darüber, Florence? Deine Erklärungen sind ja idyllisch, aber du weißt doch genau, dass es nicht immer so einfach abläuft. Es gibt sehr schwierige, ja sogar mühselige Adoptionen mit großen Veränderungen im Leben der Beteiligten. Ich persönlich bin mir nicht sicher, ob die Seelen sich immer gegenseitig auswählen, wie du meintest ...«

Vor mir unterbricht Florence ihren Gang über die Wiese. Sie dreht sich zu mir um und nickt mir mit einem leicht amüsierten Lächeln zu.

»Sie haben recht«, sagt sie. »Ich gebe zu, dass ich Ihnen nur einen schönen Gemeinplatz erzählen wollte. Dieses Ideal ist natürlich nicht das Los aller. Ich weiß, dass man konfliktgeladene Verbindungen zwischen manchen Eltern und ihrem adoptierten Kind gar nicht leugnen kann. Aber diese Spannungen, die sich manchmal zwischen den Wesen aufbauen, sind nicht zwangsläufig auf einen alten Krieg zurückzuführen, der nun beigelegt werden soll. Oft sind sie einfach nur ein Zeichen für eine hartnäckige Lebenswunde des adoptierten Kindes, eine Verletzung, die nichts mit einer gemeinsamen Vergangenheit mit den neuen Eltern zu tun hat.

Wenn wir uns dem Mitgefühl zuwenden und daraus die Achse unseres Lebens machen wollen, dann können wir entscheiden, unsere Arme einem ... Schwerverletzten des Lebens zu öffnen, der irgendwo wartet, vielleicht sehr weit entfernt, in einem anderen Land.

Wer entscheidet darüber? Natürlich ein Teil von uns, wie ich Ihnen schon sagte ... Ohne zu vergessen, dass ein anderer Teil unseres Wesens in einigen Fällen auch ... sehr wohl verpflichtet ist, es zu akzeptieren.«

»Wegen der göttlichen Ordnung?«

Kaum habe ich meine Frage ausgesprochen, als Florence ihren Blick tief in meinen versenkt. Er ist verstörend, fast wie der eines Kleinkindes, sanft, durchdringend, treuherzig und so klar wie der Himmel.

»Meinen Sie damit ›Gott‹? Oh! Das hängt davon ab, was Sie unter diesem Wort verstehen ... Wissen Sie, in den Welten, die ich bis jetzt erreicht habe, benutzt man es kaum.«

»Man glaubt dort nicht an all das, was dieser Name beinhaltet?«

»Das ist es nicht ... Im Gegenteil ... Man braucht nicht daran zu glauben. Man kennt ... oder eher: Man weiß einfach um die Intelligenz der Liebe und der Gerechtigkeit, des Gleichgewichts und des Mitgefühls, die den Matrizenozean hervorbringt, in dem wir baden ... und zu dem wir unseren Teil beitragen sollen.

Ja, *bei mir zu Hause* glaubt man an das Göttliche, aber nicht wie auf der Erde. Man weiß, dass man an seiner Macht teilhat, dass man sie nährt, dass man sie aufbaut – und vor allem, dass sie absolut nicht außerhalb von uns ist. Seit dem sogenannten Anbeginn aller Zeiten haben wir im ›Unsichtbaren‹ unendlich viel gesät und gesät und damit die Ordnung der Welten selbst erfunden, in denen wir leben. In Wirklichkeit sind wir die letztendlichen Erfinder der Gesetze, durch die wir leiden, lieben und glücklicherweise auch lernen zu wachsen.

Wenn wir all das begreifen, dann nähern wir uns der eigentlichen Wahrheit des Göttlichen ... Uns geschieht nichts, hören Sie, *nichts*, ohne dass wir ganz am Ursprung davon stehen oder auch ohne einen ... aufsteigenden Grund.«

Florence hat mich unentwegt angeblickt, und jetzt wird ihr Lächeln breiter. Während ich sie so betrachte, wird mir deutlich bewusst, mich im Angesicht einer Seele zu befinden, die in sich etwas zu Ende geführt hat. Sie hat eine Form von Vollendung gefunden, sie ist bereit, ein anderes Stück Weg zu gehen, woandershin ... und vor allem hat sie die Mauer ihrer Ängste und ihrer Empörung durchbrochen.

»Folgen Sie mir noch ein bisschen weiter?«, fügt sie hinzu. »Ich würde *sie* gerne noch ein letztes Mal sehen ...«

Ich weiß, was geschehen wird ... Florences Wiese mit dem wilden Gras, dem Bach und den tänzelnden Pferden wird ganz allmählich ihre Konsistenz verlieren. Sie wird mit dem Licht verschmelzen, und aus demselben Licht wird eine andere Wirklichkeit auftauchen, eine kleine möblierte Wohnung irgendwo auf der Erde.

Ist es nicht seltsam, wie alles zusammenarbeitet und miteinander verflochten ist? Es ist, als ob Mond, Sonne, Erde, Wasser, Feuer, Luft ... und der geheimnisvolle Äther eigentlich eins wären. Zwischen Nacht und Tag, Träumen und Wachen ... existiert nichts anderes als ein leichter Bewusstseinsunterschied. So leicht ... dass wir ihn irgendwann voller Klarsicht und Akzeptanz überwinden werden.

Es ist so weit, wieder hat sich eine Verwandlung ereignet. Ganz sanft sind wir von einer Frequenz auf eine andere geglitten. Émilies Zimmer ist wieder da, um uns herum ist Halbschatten. Unter der Bettdecke ist die Silhouette der jungen Frau zu erkennen. Wahrscheinlich hat sie gerade ihre »Wüste« verlassen und daraus Florences friedvolles Lächeln mitgenommen.

Ich weiß nicht, ob dieses Lächeln ihr lange in der Erinnerung eines Traumes folgen wird ... aber es wird sie sicherlich in ihr Inneres begleiten und ihr insgeheim Trost spenden.

»Weißt du«, wendet Florence sich an mich und gestattet sich zum ersten Mal, mich zu duzen, »... weißt du, wenn ich sie so vorfinde wie eine schlafende kleine Schwester, dann wünsche ich mir nur noch eines ... Ich wünsche mir, dass die Zeit vergeht, abläuft, rennt und rennt, damit endlich der Tag kommt, an dem sie mich gemeinsam mit dem, den sie lieben wird, irgendwo wiederentdecken wird, auf einer Bank in einem Waisenhaus ... in Asien, Afrika oder ganz woanders.

Es wird einfach und schön sein, nicht wahr? Oh ja! Es wird schön sein, weil wir an jenem Tag beide *die Gewollten* sein werden.«

An dieser Stelle haben Florence und ich uns getrennt, in einer liebevollen Seelenumarmung. Seitdem habe ich sie nicht wiedergesehen. Ich weiß, dass sie ihre Geschichte in ihrer Welt weiterlebt und dort viel zu tun hat. Ich weiß auch, dass es Émilie gut geht, dass sie ihr Studentenleben wiederaufgenommen hat und versucht, so gut wie möglich den Sinn dessen zu verstehen, was ihr das Leben bringt.

Als mein Lichtkörper ihr Zimmer verließ, drangen die Geräusche eines Fernsehers durch die Mauern. Sie kamen aus der Wohnung des Nachbarn. Mit seiner Fernbedienung reiste er von einem Kanal zum nächsten, von einer Welt zur nächsten, ohne zu wissen, dass ich genau das gerade auf eine andere Weise auch getan hatte ... im Innersten der Seele.

Fragen und Antworten

Was hat es mit Steißgeburten auf sich?

In fast allen Fällen zeigt sich in einer Steißgeburt der Widerstand oder die Angst, die die Seele angesichts ihrer Inkarnation hat. Genau genommen ist es eine innere Kehrtwende oder ein Zurückweichen, das das Bewusstsein auf den Körper überträgt. Dieser befindet sich also ganz natürlich »im Rückwärtsgang«, da der Austritt aus dem Bauch der Mutter als Beginn von Ungewissheit erlebt wird.
Man muss wissen, dass jemand, der im Begriff ist, geboren zu werden, noch nicht komplett von seinem früheren Gedächtnis abgeschnitten ist. Selbst wenn es sich langsam vernebelt und immer mehr von der neuen Welt durchdrungen wird, ist es weder zum Zeitpunkt der Geburt noch an den Tagen davor embryonisch oder betäubt. Das künftige Neugeborene trägt noch die Bilder desjenigen in sich, der es gewesen ist, und eventuell dessen, was es fürchtet. Es kommt also als vollständiges Wesen auf die Welt, das weiß, was es möchte und was nicht.

In den meisten Fällen nimmt dieses Bewusstsein ab dem Austritt aus der Gebärmutter rasch ab und flüchtet sich dann ins tiefste Innere des Wesens. Der Körper bringt dann bis zuletzt die Grundeinstellung der Seele gegenüber dem Leben zum Ausdruck.
Aber Vorsicht, man darf hier keinesfalls übereilt schlussfolgern, dass ein Kind in Beckenendlage mit schwerem karmischem Gepäck befrachtet ist ... weil sein Grundausdruck Furcht ist. Diese Denkweise wäre zu schematisch. Solche Stereotypen könnten uns zu irrigen Vorstellungen verleiten, die wir dann unwissentlich auf das Kind projizieren würden.
Überhaupt ist die Angst, geboren zu werden, nicht zwangsläufig ein Zeichen dafür, dass man nicht in der Welt leben will. Sie bringt lediglich die Furcht vor dem Geburtsvorgang zum Ausdruck. Man muss in jedem Fall zwischen dem Auf-die-Welt-kommen und dem Auf-der-Welt-leben unterscheiden, genauso wie man den Moment des Todes fürchten kann - weil man die Umstände nicht kennt -, ohne dabei aber Angst vor dem Tod selbst zu haben.
Wie bei den Farben gibt es auch bei den Seelen Unterschiede und viele Facetten. Es gibt solche, die zaghafter und zurückhaltender sind, und solche, die enthusiastischer und kämpferischer sind. Das allein kann genügen, um bei der Geburt ein bestimmtes Verhalten hervorzurufen, ohne dass das automatisch auf eine Eigenschaft aus der Vergangenheit zurückzuführen ist.
Abgesehen davon darf man nicht vergessen, dass ein auf die Welt kommendes Wesen ein genetisches Gepäck erbt, das in ihm bestimmte reflexartige Verhaltensweisen auslösen wird, die nicht zwangsläufig den Charakter desjenigen widerspiegeln, der es in Wirklichkeit bewohnt.

So kann eine Geburt »im Rückwärtsgang« einfach bestimmte Schwachstellen in seiner neuen Familie zum Ausdruck bringen. Das können zum Beispiel Durchsetzungsschwierigkeiten, Entscheidungsschwäche oder mangelnde Tatkraft sein. Natürlich werden wir nicht zufällig in eine Familie hineingeboren. Das genetische Gepäck, das sie uns mitgibt, entspricht unseren karmischen Notwendigkeiten ... aber ohne dass wir uns zwangläufig damit befassen müssen. Leben zu lernen, ohne zu versuchen, alles zu analysieren, zeugt von Weisheit.

Hinterlässt eine Kaiserschnittgeburt Spuren im Bewusstsein des Neugeborenen? Wie wird sie von ihm innerlich erlebt?

Ein Kaiserschnitt hinterlässt natürlich Spuren im Bewusstsein des Wesens, da nichts von dem Erlebten vergessen wird. Jeder wird zustimmen, dass eine solche Geburt nicht ideal ist, weil es eine Operation ist, aber es ist keineswegs so, dass ein Kaiserschnitt für das Baby immer ein Trauma bedeutet, das diesen Namen wirklich verdient.
Wenn eine Geburt sich als heikel, schwierig oder gefährlich ankündigt, ist unvermeidlich von Schmerzen, Qualen oder der Angst davor die Rede. Im Allgemeinen sind das größere Traumata als der Kaiserschnitt selbst. Wenn ein Kaiserschnitt notwendig ist, ist jede Diskussion ausgeschlossen. Das beste Mittel, um den Stress für ein Baby zu verringern, das nicht auf natürlichem Wege geboren wird, besteht darin, es mit Erwachsenenworten anzusprechen, um ihm die Gründe für die Situation darzulegen, und es willkommen zu heißen. Wenn es während des Eingriffs auf diese Weise mit einbezogen wird, wird es die Umstände viel leichter akzeptieren können.

An dieser Stelle sei mir aber erlaubt, »Alarm zu schlagen« in Bezug auf eine Denkschule, die innerhalb der Ärzteschaft mancher modernisierter Länder immer mehr Verfechter findet. Diese Denkschule versucht, immer mehr Eltern davon zu überzeugen, dass ein Kaiserschnitt fast ohne Weiteres die beste Art und Weise ist, um zu gebären, da er perfekt beherrscht wird, man damit Schmerzen vermeidet und der Zeitpunkt der Geburt bestimmt werden kann ... zum Wohle aller. Ich glaube, man braucht hier nicht lange über die Widersinnigkeit dieser Einstellung zu diskutieren, die ganz eindeutig zugunsten technischer und finanzieller Gesichtspunkte die Gesetze des Körpers und die Verbundenheit missachtet, die Mutter und Kind bei der Wahl des Zeitpunkts der Geburt eint.

Warum kann es vorkommen, dass eine Seele versucht, sich mittels eines Körpers zu inkarnieren, für den Fortpflanzung grundsätzlich nicht infrage kommt oder der sich dieser entziehen will (Ligatur der Eileiter oder Spirale)?

Wie bereits erwähnt gibt es Seelen, die weitaus willensstärker sind als andere und sich aus ganz bestimmten Gründen eine ganz bestimmte Familie wünschen. Durch ihre Willenskraft gelingt es ihnen manchmal, »gewaltsam die Tore einer Matrix zu öffnen«, um zu versuchen, sich dort einzunisten.
Man muss verstehen, dass jede Materie durchlässig für psychische Energie ist und dass das Feinstoffliche vor dem Dichten existiert. Daher können ein Wunsch, ein Gedanke und ein Wille die Begegnung von zwei Zellen fernsteuern – bis dahin, Leben in Umständen zu erschaffen, die als unwahrscheinlich oder gar unmöglich gelten. Die Biologie des Feinstofflichen kann die des Dichten leicht ausstechen ...

Wenn eine Frau unter medizinisch folgewidrigen Umständen schwanger wird, sollte sie sich zuallererst fragen und versuchen zu verstehen, was das bedeutet. Gibt es nicht doch gute und stichhaltige Gründe, warum ein Wesen genau sie mit ihren besonderen Umständen als Mutter haben will? Wenn die Lebenskraft hier so wenig lockerlässt, dann vielleicht deshalb, weil sie versucht, ihr etwas mitzuteilen? Wenn ein Wesen sie so beschwört, seine Mutter zu werden, was muss sie da erkennen? Egal, wie ihre Antwort und ihre Entscheidung als Frau ausfallen werden, sie sollte auf jeden Fall gründlich, mit klarem Verstand und ohne Mogeleien darüber nachdenken.

Wenn eine Schwangerschaft aus irgendwelchen Gründen unterbrochen wurde, kann es vorkommen, dass der Mann von der nicht stattgefundenen oder verweigerten Geburt stärker betroffen ist als die Frau. Wie ist das zu erklären?

Wenn es um Schwangerschaft geht, thematisiert man stets mehr die Rolle der Mutter als die des Vaters. Im Grunde ist das ja auch logisch, weil die Frau den Körper des Kindes in ihrem Körper heranwachsen lässt und austrägt.
Aber damit begrenzt man die Rolle des Mannes schon fast nur auf den Zeugungsakt und lässt oft den Platz außer Acht, den er für das kommende Wesen einnehmen kann. Wenn tiefe Verbindungen bestehen, ist die Welt der Seele tatsächlich mehr betroffen als die Welt des physischen Körpers.
Wenn man sich das bewusst macht, kann man nachvollziehen, dass zwischen dem möglichen Vater und dem Fötus eine größere seelische Verbundenheit existieren kann als zwischen der werdenden Mutter und dem Wesen, das sie austrägt.

Uns wird immer beigebracht, dass die Blutsbande - und aus triftigerem Grund die Bande, die das Baby mit seiner Mutter verbinden - mächtiger sind als alles andere. Das stimmt natürlich in vielen Fällen, aber daraus eine absolute Wahrheit zu machen wäre so, als würde man über die Präexistenz der Seele vor dem Körper hinweggehen. Es hieße zu vergessen, dass diese Seele ihre ganz eigene Geschichte hat.

Wenn man wirklich erkennt, was das bedeutet, und zwar nicht nur als verlockendes philosophisches Konzept, kann man leicht nachvollziehen, dass der werdende Vater manchmal mehr mit dem Erwarten des Kindes beschäftigt ist als die Frau.

Die Seelen, die sich einander annähern, sind sich dessen schon vor ihrem Wiedersehen bewusst ... selbst wenn es am Ende doch nicht dazu kommen wird. In diesem Fall liegt es auf der Hand, dass das Gefühl der »nicht stattgefundenen Begegnung« den Mann stärker treffen kann als die Frau.

Um die Bande zwischen einem werdenden Wesen und seinem Vater besser zu verstehen, erinnern wir uns hieran: Es ist der Mann, der beim Liebesakt mit der Samenflüssigkeit der Eizelle vom ersten Moment an das Gedächtnis und damit die Identität dessen übermittelt, der sich inkarnieren wird. Aus diesem Grund kommt das karmische Gepäck einer Seele, die zum ersten Mal herabsteigt, um sich an den künftigen menschlichen Körper zu binden, bei der Zeugung durch den männlichen Kanal: Diese energetische Ladung, ein ganzes feinstoffliches Gedächtnis, wird sich im Keim des künftigen Herzens einnisten. Sie wird in seiner linken Herzkammer wohnen, um es erst zum Zeitpunkt des Todes wieder zu verlassen. Dieses tiefe Gedächtnis des von Leben

zu Leben reisenden Wesens wird traditionell das Uratom genannt.*
Andererseits gibt es auch die vorgefasste Meinung, bei einem Paar sei die Frau grundsätzlich sensibler als der Mann, was aber ganz und gar nicht immer der Fall ist. Es wäre sicherlich an der Zeit, dass die Empfindsamkeit der Seele oder des Herzens nicht mehr als Schwäche, sondern als Besonderheit gesehen wird, ja sogar als Eigenschaft, die es erlaubt, verschiedene Bewusstseinszustände zum Ausdruck zu bringen und die Durchlässigkeit zwischen den Welten zu fördern.

Warum kann eine Seele beschließen, sich im Bauch einer Frau zu inkarnieren, die Krebs oder eine andere schwere Krankheit hat … vor allem, wenn diese Krankheit bereits in fortgeschrittenem Stadium ist?

Zunächst muss man wissen, dass es nicht immer die Seele selbst ist, die über die Umstände ihrer Inkarnation oder ihres Inkarnationsversuchs entscheidet. Weit gefehlt. Um darüber entscheiden zu können, muss ein Wesen eine gewisse Bewusstseinsreife erlangt haben. Eine Seele, die nicht erwachsen genug ist, das heißt, die noch nicht in der Lage ist, sich selbst, ihre Fähigkeiten und ihre Mängel wirklich mit klarem Blick zu betrachten, wird von ihren Seelenführern zwangsläufig in eine bestimmte Richtung gelenkt, wenn die Stunde ihrer Rückkehr in eine körperliche Hülle gekommen ist. Die betreffenden Seelenführer spielen hierbei die Rolle von Eltern. Sehen wir uns einfach einmal an, wie man das in unserer

* Siehe D. Meurois-Givaudan: Les Maladies Kamriques, Seite 54, Éditions Le Perséa, und D. Meurois und A. Givaudan: Les Neuf Marches, Éditions S.O.I.S.

Welt handhabt: Lässt man ein Kleinkind wichtige Entscheidungen für seine Zukunft alleine treffen? Ist es etwa das Kind, das entscheiden wird, wo seine Familie wohnen oder seine Schule liegen wird? Natürlich nicht. Seine Eltern werden an seiner Stelle entscheiden, was für es das Beste ist, genauso wie sie es an die Hand nehmen werden, um die Straße zu überqueren, weil es noch nicht wachsam genug ist und seine Aufmerksamkeit noch nicht so geübt ist, dass es selbstständig leben kann. Unsere Freiheit entwickelt sich entsprechend unseres Wachstums.

Analog gilt das Gleiche, wenn es um die Wahl eines bestimmten Lebens geht. Je reifer die Seele ist, umso größer ist ihre Entscheidungsfreiheit.

Nun darf man daraus aber nicht schließen, dass alle, die versuchen, sich in die oben genannte Krankheitssituation zu reinkarnieren, von vornherein junge und damit wenig eigenständige Seelen sind. Das wäre zu einfach und würde nicht berücksichtigen, dass auch ein erwachsenes Bewusstsein sich bei völliger Kenntnis der Situation für einen Inkarnationsversuch unter sehr schwierigen Bedingungen entscheiden kann.

Was kann der Grund für eine solche Wahl sein? Ganz einfach die verborgene Geschichte, die die so zusammengebrachten Seelen gemeinsam haben, auch wenn sich ihre Wege nur für einige Wochen oder Monate kreuzen werden. Diese tiefgründige Geschichte kann zum Beispiel als Triebkraft haben, auf eine höhere Ebene des Mitgefühls zu gelangen oder eine höhere Form des Loslassens zu erlernen. Sehr selten handelt es sich um einen Selbstbestrafungsmechanismus, der von den betreffenden Seelen erschaffen wurde, auch wenn man diese Möglichkeit eher vernachlässigen kann. In diesem Fall geht es einfach um gemeinsames karmisches Gepäck, das aufgelöst werden soll, was sicherlich schmerzvoll sein wird, aber letztendlich zum Ziel hat, mehr Bewusstsein zu erlangen.

Ich weiß sehr wohl, dass es einfach ist, metaphysische Konzepte zu beschreiben, aber natürlich ist es viel schwieriger, sie auch zu akzeptieren und ihren tiefen Sinn zu verstehen, wenn man selbst vor der Prüfung steht.

Kein Argument, so vernünftig es auch ist, kann wahres Leid einfach wegwischen. Nichtsdestotrotz bin ich überzeugt, dass ein Erklärungs- und Verständnisversuch helfen kann, eine nach unserer Logik schwere, weil himmelschreiende Last leichter zu machen.

Andererseits steht auch fest, dass uns eine Prüfung, wenn wir oder unsere Seelenführer uns auf der anderen Seite des Lebens dazu entschließen, im Allgemeinen gar nicht so schwierig vorkommt, wie wenn wir dann wirklich davor stehen. Wenn wir uns mit einem physischen Körper umhüllen, verlieren wir nämlich den Überblick und vergessen die tiefer liegenden Gründe unseres persönlichen Weges.

Eines allerdings ist sicher: Diese Gründe haben allein zum Ziel, unser essenzielles Wesen zu mehr Frieden zu führen. Das Göttliche, das sich von Existenz zu Existenz in uns erweitert, arbeitet daran, voll zu erblühen, ohne dass unsere Zeitwahrnehmung den geringsten Einfluss darauf hätte. Es weiß, wohin es uns führen will, und bewerkstelligt das in seinem eigenen Tempo, oft durch die unglaublichsten Flusswindungen.

Warum kommen manche Babys mit einer Immunkrankheit zur Welt (zum Beispiel mit einer Überproduktion von Lymphozyten), also mit schwer zu akzeptierenden Bedingungen voller Leid, die eine Ablehnung des eigenen Körpers bewirken können? Muss man sie als Opfer unseres Krankenhaussystems und unserer Gesellschaft betrachten?

Die Hauptgründe für solche Geburten sind ähnlich wie in der vorigen Antwort. Die wahre Frage betrifft hier allerdings das Warum dieses speziellen Krankheitstyps, der offenbar in unserer Gesellschaft immer häufiger vorkommt und nicht nachvollziehbar ist.

Die generell beklagenswerten Zustände in unserer Umwelt und Ernährung sind die wesentlichen Triebkräfte hinter diesen Lebenshemmnissen im entstehenden Körper. Das Problem wurde in diesem Buch bereits angesprochen, verdient es aber, nochmals erörtert zu werden, da es inzwischen riesige Ausmaße angenommen hat ... über die sich viele von uns immer noch viel zu wenig im Klaren sind.

Was ist von der Verwaltung einer Welt zu halten, in der es praktisch unmöglich ist, vollkommen reines, ausgewogenes Wasser zu finden, und in der sich die Giftigkeit der Atemluft schon gar nicht mehr bestreiten lässt? Was ist von einer Lebensmittelindustrie zu halten, die völlig ungeniert und mit unverschämter Heuchelei mit Pestiziden, Zusätzen und jetzt auch noch mit Genen hantiert? Was ist von einer Küche zu halten, die immer mehr Ähnlichkeit mit einem Chemielabor hat, und nicht zuletzt von neuen Kochgewohnheiten (Mikrowellen), die das Leben im Lebensmittel abtöten und es gleichzeitig vergiften?

Ganz einfach: Es zeugt von der Unwissenheit und dem Selbstmord einer ganzen Gesellschaft, die der Zeit und vor allem dem Profit hinterherrennt.

In dem hier genannten Fall werde ich also ungeachtet karmischer Triebkräfte die betreffenden Neugeborenen ohne zu zögern als »Opfer« unserer Gesellschaft bezeichnen.

Und auch als Opfer eines Krankenhaussystems, das sich zu oft darin verbeißt, mit neuen Methoden und Produkten mit grausamen Auswirkungen herumzuexperimentieren, ohne sich darum zu scheren, das wahre Problem an seiner Wurzel zu packen: unseren Lebenswandel. Wir haben aus unserer Gesundheitsauffassung einen ständigen Kampf gegen Krankheiten gemacht, statt uns um die systematische, logische und natürliche Bewahrung unseres physiologischen und geistigen Gleichgewichts zu kümmern.

Es ist unübersehbar, dass Neugeborene mit einer schweren Immunerkrankung mit dem Finger auf uns zeigen. Sie sind die Hauptzeugen unseres Wahnwitzes. Eine Krankheit oder ein Ungleichgewicht kommt nicht aus dem »Nichts«, wir schaffen dafür die Grundlagen und übertragen sie. Wenn wir heute nicht das Alarmsignal verstehen, das uns unsere ganz kleinen Kranken übermitteln, dann deshalb, weil der Schlaf unseres Bewusstseins irrsinnig tief ist!

Bleiben die Spuren einer Abtreibung oder Fehlgeburt in der feinstofflichen Anatomie des Körpers bestehen?

Man kann nie genug betonen, welches Gedächtnis der Körper ist. Alles, was er sieht und erlebt, prägt sich ihm ein, selbst wenn die gespeicherten Informationen oft und schnell in den Hintergrund seines Lebens treten. Aber es ist nur ein scheinbares Vergessen. Alle Körperbereiche erinnern sich an ihre Geschichte, und zwar deshalb, weil sie einen feinstofflichen, energetischen Gegenpart haben. Es ist dieser Gegenpart, der den »Abdruck« einer Verletzung speichert und bewahrt. Die Frage ist nun, ob Abtreibungen oder Fehlgeburten unter Verletzungen fallen. Das einfach mit ja oder nein zu beantworten, wäre zu einfach. Man ahnt es schon: Alles

hängt von den Umständen und den Rahmenbedingungen des betreffenden Ereignisses ab.
Lassen Sie uns zunächst einen Unterschied zwischen Abtreibung und Fehlgeburt festhalten, denn im ersten Fall handelt es sich um einen absichtlichen Akt und im zweiten Fall um eine erlittene Tatsache.
Es fällt nicht schwer zu verstehen, dass eine Abtreibung dem Körper Gewalt zufügt. Gewalt bedeutet zwangsläufig auch hinterlassene Abdrücke oder Narben. Zwar sind diese nach medizinischen Begriffen nicht am physischen Körper sichtbar, aber das gilt nicht für den energetischen Mittler (den Ätherkörper) und auch nicht für unsere feinstofflicheren Wirklichkeiten, die man im Ganzen als Seele bezeichnet. Natürlich kann der Ätherkörper der Frau in der Organisation seiner Nadis davon betroffen sein.
Auch die Seele selbst ist, selbst wenn sie in ihrer inkarnierten Erscheinung, also auf der Ebene ihrer Persönlichkeit, einen Schutzschild trägt, notwendigerweise in ihrer emotionalen oder astralen Dimension davon betroffen.
Die Tiefe der Abdrücke oder Verletzungen hängt, man ahnt es schon, von der individuellen Geschichte und den Umständen ab, in denen alles beschlossen und erlebt wurde.
Man muss verstehen, dass die Befriedung und Verflüssigung, die unser feinstofflicher Gegenpart einfordern, keine Frage des Vergessens sind, sondern des Überschreitens. Viele werden hier auch den Begriff »Transzendenz« bevorzugen. Es geht nicht darum wegzuradieren, was in uns, von uns, auf uns und auf die anderen festgeschrieben wurde, sondern darum, den Sinn und die Lektion dahinter zu verstehen und das Ganze von einem erhöhten Standpunkt aus zu betrachten. Nichts darf jemals als irreparabel oder dramatisch aufgefasst werden ... und nichts als harmlos.

Es wäre widersinnig, Abtreibungen als Empfängnisverhütungsmittel zu klassifizieren, wie etwa in einem bestimmten östlichen Land, wo es gang und gäbe ist, dass Frauen sieben oder acht Mal in ihrem Leben diese Prozedur durchmachen.

Um zu den Fehlgeburten zu kommen. Es steht fest und ist auch logisch, dass die Erinnerung, die in unseren feinstofflichen Dimensionen davon zurückbleibt, unendlich kleiner ist und deshalb wesentlich leichter überwunden wird, weil darin nicht dieselben Kräfte wirken. Hier entsteht daher nur ein Abdruck, aber keine Narbe.

Was hat es mit Frühgeburten unter medizinischen Bedingungen auf sich, die fast schon an Technologieversessenheit grenzen?

Meine persönliche Meinung ist, dass es sich hier tatsächlich um Versessenheit handelt. Das Überleben mancher Frühgeborener – man »holt« sie zurzeit mit 20 Wochen – ist für die Ärzteteams eine technische Herausforderung.* Das Credo »Sie müssen unbedingt leben« hat hier eher mit einem Kunststück als mit gesundem Menschenverstand zu tun. Wenn man mit solchen »Inszenierungen« und Entscheidungen immer mehr die Natur oder, wenn man will, die göttliche Ordnung, ausstechen will, kann man sich leicht dazu verleiten lassen, unsinnig zu handeln und das, was sein soll, zu missachten und gering zu schätzen. Es geht hier nicht darum, unleugbare medizinische Fortschritte zu verteufeln, sondern darum, einfach in einige

* Mit 20 Wochen passt das Kind noch in eine Frauenhand. Seine Lungen sind kaum ausgebildet, sodass es intubiert wird. Einige Forscher arbeiten schon daran, auch noch die Schwelle von zehn Wochen zu knacken ...

Krankenhausprozesse den elementaren gesunden Menschenverstand einzubinden.
Der Tod ist sicherlich nicht als Niederlage des Lebens zu betrachten. Er ist eine Verwandlung, ein Aspekt des Lebens. Was ich für überaus wichtig halte, ist, dass die Metamorphose, die er bedeutet, unbedingt von Verständnis und der Eigenschaft der Liebe begleitet werden sollte, die man Mitgefühl nennt. Natürlich kann sich die medizinische Technologie zunächst einmal damit brüsten, dass durch sie sehr, sehr junge Frühgeborene überleben können, aber ihre Befürworter sollten sich auch ganz ehrlich fragen, welche manchmal bleibenden Mängel bei den Betreffenden zurückbleiben.** Persönlich habe ich die medizinische Welt genügend kennengelernt, um zu wissen, dass die Statistiken immer weniger erkennen lassen, was in diesem Bereich vor sich geht. Man weiß ja, dass Statistiken oft an Subventionen hängen ... und von bestimmten Labors in Auftrag gegeben werden.

Was ist vom menschlichen Klonen zu halten?

Wenn man der Denkschule der Genetiker Glauben schenkt, die sich seit nunmehr vielen Jahren mit dem Klonen befassen, ist alles, was lebt, der Mensch eingeschlossen, nichts weiter als eine extrem perfektionierte Mechanik. Es liegt auf der Hand, dass ich mit meiner Denkweise und den sehr konkreten Erfahrungen, die ich seit nunmehr fast 30 Jahren mache, diese Auffassung nicht teilen kann.

Klonen bedeutet, dass der Begriff Seele reine Fantasie ist, da es möglich ist, einen Organismus – extrem vereinfacht

* Die allermeisten mit etwa 20 Wochen »geholten« Kinder leiden ihr ganzes Leben lang an Spätfolgen – unter anderem an Lungenkrankheiten – und tragen ein erhöhtes Risiko zu erblinden.

ausgedrückt – auf der Grundlage einer sogenannten Stammzelle zu vervielfältigen. Es ist klar, dass es für mich als Zeuge einer anderen Facette unserer Welt absurd ist, das Leben auf das zu begrenzen, was wir davon sehen oder messen können. Jeder Organismus, umso mehr der menschliche, existiert nur, weil er von einem Prinzip namens Seele gestützt und gelenkt wird. Meine Behauptung beruht nicht auf einer philosophischen Auffassung, sondern auf direktem Erleben, auf der Wahrnehmung und Erkenntnis des Heiligen.

Mit dieser Auffassung oder vielmehr dieser Gewissheit ist es daher unfassbar, einfach so mit dem intimsten Räderwerk eines physischen Körpers zu spielen ... als ob der Körper mit nichts sonst verbunden wäre.

Tatsächlich ist eine der ersten Fragen, die man sich stellen sollte: Woher kommt eine Seele, die man sozusagen einem Körper aufzwingt, der aus allen möglichen Bestandteilen mit maßgeschneiderten genetischen Eigenschaften zusammengesetzt ist?

Beachten Sie, dass ich hier nicht im Futur spreche, sondern im Präsens.

Tatsächlich bin ich zutiefst überzeugt, dass die Forschungen im Bereich des menschlichen Klonens viel weiter fortgeschritten sind als behauptet wird. Man wartet einfach ab, bis sich die Vorstellung in der öffentlichen Meinung festigt, um dann offiziell zu verkünden, dass sie Wirklichkeit geworden ist.

Das erklärte Ziel ist natürlich rein humanitär, das heißt, es soll unserer Gesundheit, Ausgeglichenheit und damit unserem Glück dienen. Doch laut präzisen Quellen, zu denen ich Zugang habe, ist das letztendliche Ziel etwas ganz anderes. Es geht darum, Männer und Frauen nach Maß zu erschaffen, die auf bestimmte Bereiche spezialisiert und darauf programmiert sind, bestimmte Aufgaben zu erfüllen, ohne sich zu viele Fragen zu stellen, und daher ein vermindertes Bewusstsein und gezielte körperliche Fähigkeiten aufweisen.

Ist es nicht einfacher, eine Menschheit zu regieren, deren Mitglieder psychisch oder körperlich nicht in der Lage sind, ihren freien Willen durchzusetzen und zu rebellieren? Einige, die unsere Welt regieren, träumen schon lange von einer Armee aus »perfekten« Soldaten und Menschenmassen, die - ohne zu murren - die routinemäßigsten oder mühevollsten Arbeiten erledigen. Das Idealziel dieser Machthaber ist es, eine sehr kleine Elite zu erschaffen, die über eine versklavte, handlungsunfähige Masse herrscht.

Natürlich wird man mir hier Wahnvorstellungen vorwerfen, die Science-Fiction alle Ehre machen. Ich fürchte allerdings, dass eine nicht allzu ferne Zukunft mir recht geben wird, wenn wir nicht rechtzeitig reagieren. Unser heutiges Leben beruht auf technologischen Konzepten und Einrichtungen, die noch gestern Gegenstand reiner Fantasy-Literatur waren. Denken wir einmal darüber nach ...

Bereits jetzt entgehen den Menschen auf diesem Planeten immer mehr Dinge. Man muss sich nur einmal die Mühe machen, das Puzzle zusammenzufügen und seinen gesunden Menschenverstand einzusetzen, um sich darüber klar zu werden.

Die DNA, das Gehirn, das Nervensystem und das endokrine System sind Mittler zwischen dem Feinstofflichen und dem Dichten. Von dem Moment an, in dem man sie ohne die geringste Ethik oder das geringste Gewissen, das diesen Namen verdient, manipuliert, schiebt man unweigerlich ein Hindernis zwischen Seele und Körper, stört ihren Kontakt, bringt ihre Verbindungen durcheinander und schottet sie voneinander ab. Wir haben es hier ganz klar mit dem Versuch zu tun, das Bewusstsein zu ersticken, um über es zu herrschen.

Man sollte nun aber nicht daraus schließen, dass ich gegen die Genforschung bin. Im Gegenteil bin ich davon überzeugt, dass es die Pflicht des menschlichen Wesens ist, die Ausbreitung des Lebens zu fördern und es in allen seinen Erscheinungsformen zu verbessern. Meine Meinung ist nur, dass diese Aufgabe Herz, Seele und damit ein hohes Verantwortungsgefühl erfordert.

Das Göttliche akzeptiert und wünscht, dass wir an seiner Schöpfung mitwirken, aber gewiss nicht »egal wie«. Das Heilige ist kein Hirngespinst. Niemand kann sich auf ewig weigern, es anzuerkennen, und gleichzeitig an seiner Quelle trinken, ohne irgendwann zu verdursten.

Kleine Methode für Seelenbegegnungen

Geben Sie Ihrer Seele zunächst im Innersten Ihres Herzens einen Namen. Wählen Sie einen, den Sie gerne tragen würden oder den Sie innerlich als den Ihren erkennen. Behalten Sie diesen Namen für sich, teilen Sie ihn niemandem mit, denn er ist der Schlüssel zu Ihrem inneren Garten.

Rufen Sie nun jeden Abend, bevor Sie einschlafen, Ihre Seele ganz bewusst, bestimmt und liebevoll mit diesem Namen. Bitten Sie sie, während Ihres Schlafes die Seele des Wesens zu besuchen, mit dem Sie Kontakt aufnehmen möchten, und geben Sie ihr eine kleine Botschaft mit. Ihre Sätze sollten kurz, präzise, liebevoll und vertrauensvoll sein. Wiederholen Sie sie nachdrücklich drei- oder viermal.

Auf diese Weise wird »etwas« von Ihnen eine nächtliche Reise antreten, die Botschaft überbringen ... und vielleicht auch eine zurückerhalten.

Über den Autor

Daniel Meurois ist Autor und Mitautor von rund 20 Titeln, die größtenteils zu Bestsellern wurden. Seine Bücher, die bereits in über 60 Übersetzungen in 15 Sprachen vorliegen, sind ein anschauliches, hochaktuelles Zeugnis der Vielschichtigkeit der Welten.

Daniel Meurois lebt in Québec und geht dort auch als Referent engagiert seiner Arbeit nach, unser Bewusstsein zu erweitern.

60 Seiten, mit Abb., gebunden
ISBN 978-3-931652-21-0
€ [D] 13,90

Elisabeth Kübler-Ross

Sehnsucht nach Hause

Der Klassiker in neuem Design

Die weltberühmte Ärztin Dr. Elisabeth Kübler-Ross teilt uns in diesem Buch das größte Geheimnis mit, das uns nach dem Tod erwartet. Sie hat Hunderte von Sterbenden begleitet und sich berichten lassen, was diese kurz vor ihrem Tod erblickten. Sie sahen die verstorbenen Verwandten, die gekommen waren, sie abzuholen.
Sie selbst durfte einmal einen Blick hinter den »Schleier« werfen, wovon dieses Buch berichtet.
Dieses Buch vermittelt wie wohl kein anderes Hoffnung auf das, was uns nach dem Tod erwartet.

64 S. mit vielen Farbfotografien, gebunden
ISBN 978-3-923781-66-9
€ [D] 13,90

Elisabeth Kübler-Ross

Jedes Ende ist ein strahlender Beginn

Bildband mit Texten von E. Kübler-Ross und Fotos von Dr. G. Siebel

Dr. Gottfried Siebel ist katholischer Theologe und hat sich jahrelang der aktiven Sterbebegleitung gewidmet, wobei ihm die Bücher der Ärztin Elisabeth Kübler-Ross eine wichtige Stütze waren. Es war seine Idee, Schmetterlinge zu fotografieren und diese den aussagekräftigsten Sätzen der bekannten Sterbeforscherin gegenüberzustellen, ist doch das Verwandlungsmotiv von der Raupe zum Schmetterling eine Parallele zu unserer eigenen Verwandlung. Ein wunderbares Geschenkbuch, welches zu begeistern weiß.

160 Seiten, gebunden
ISBN 978-3-89845-378-3
€ [D] 14,95

Elisabeth Kübler-Ross

Lebe jetzt und über den Tod hinaus

Die Schweizer Ärztin Dr. Elisabeth Kübler-Ross ist eine der bekanntesten Ärztinnen unserer Zeit und die Begründerin der modernen Sterbeforschung. Ihre Definition der heute wissenschaftlich anerkannten fünf Phasen des Sterbens revolutionierte die Forschung. Für ihre weltweit geschätzte Arbeit erhielt sie 20 Ehrendoktortitel an verschiedenen Universitäten und wurde vom TIME Magazine zu den »100 größten Wissenschaftlern und Denkern des 20. Jahrhunderts« gewählt.
In diesem wegweisenden Buch offenbart uns Elisabeth Kübler-Ross die Antwort auf die wohl wichtigste Frage über das Leben und den Tod: Wie können wir unser jetziges Leben gestalten, um es mit dem Sterben zu versöhnen.

24 Seiten, gebunden
ISBN 978-3-89845-333-2
€ [D] 8,95

Elisabeth Kübler-Ross

Worte an ein sterbendes Kind

Dougys Fragen über den Tod und das Leben danach

Sterben ist nur ein Umziehen in ein schöneres Haus!
Was ist Leben? Was ist Tod? Und warum müssen Kinder sterben? Diese Fragen stellte der neunjährige, an Krebs erkrankte Dougy der berühmten Sterbeforscherin Elisabeth Kübler-Ross. In kindgerechter Sprache als Brief verfasst, mit farbigen Filzstiften geschrieben und liebevoll von Elisabeth Kübler-Ross illustriert, richtet sich ihre Antwort gerade an diejenigen, die noch nicht so lange gelebt haben, um den Sinn des Lebensende anderer – oder wie bei Dougy sogar das eigene frühe Sterben – zu verstehen.
Ein ergreifender Brief, der es allen Verlassenen, insbesondere Kindern, ermöglicht, diese allerwichtigsten Lebensfragen besser zu verstehen und dadurch den Schmerz zu lindern.

216 Seiten, broschiert
ISBN 978-3-89845-099-7
€ [D] 12,90

Sylvia Barbanell

Ich lebe im jenseitigen Kinderreich

Gespräche mit Kinderseelen

Die Neuauflage des Klassikers beweist anhand zahlreicher überzeugender Fälle, dass verstorbene Kinder im Jenseits weiterleben und dort zur vollen Größe heranwachsen. Kinder »sterben« daher im eigentlichen Sinne nicht, sie leben in einer höheren Welt weiter. Aus diesem Kinderreich besuchen sie oft die auf der Erde Zurückgebliebenen und überbringen ihnen auf unterschiedlichste Weise überzeugende Identitätsbeweise und liebevolle Botschaften. Diese hier zusammengestellten Zeugnisse solcher Begegnungen trauernder Eltern und ihrer Kinder spenden Trost und erweitern unser Wissen über höhere Wahrheiten und das jenseitige Kinderreich.

49 Herzkarten in Box
ISBN 978-3-89845-208-3
€ [D] 13,90

Sigrid Mahncke

Lichtengel

Zur Heilung von Körper und Seele

Die Lichtengel bringen Heilung für Körper und Seele und breiten ihre Flügel wie einen schützenden Mantel der Liebe über dir aus. Allein indem du dich in die Energien der visionären und sanften Engelbilder vertiefst, wirst du fast augenblicklich zur Ruhe kommen – und in der Lage sein, dich auf den wesentlichen Kern deines Lebens zu besinnen.

240 Seiten, broschiert
ISBN 978-3-89845-352-3
€ [D] 14,90

Trutz Hardo

Wiedergeburt – Die Beweise

... und die Bedeutung für ein neues Bewusstsein

Der bekannte Rückführungsexperte Trutz Hardo berichtet hier von 39 interessanten Reinkarnationsfällen aus den verschiedensten Teilen der Welt, die die Tatsache, dass wir wiedergeboren werden, stichhaltig belegen. Neben den Forschungsergebnissen des kanadischen Psychiaters Ian Stevenson, die hauptsächlich aus Reinkarnationsbeweisen von Kindern resultieren, liefert Trutz Hardo auch überzeugende Beweise, die von Erwachsenen erbracht worden sind. Er belegt eindrucksvoll, wie das Wissen um die Wiedergeburt die Sicht auf unser heutiges Leben verändern kann. Diese Fälle zeigen: Es gibt keinen Zweifel mehr an der Wiedergeburt – die Reinkarnation ist endgültig bewiesen.
Ein wichtiges Buch für jeden, der sich – auch im Zusammenhang mit den heute oft diskutierten Nahtoderlebnissen – eine Meinung bilden möchte.

64 Seiten, gebunden,
mit Illustrationen
ISBN 978-3-89845-013-3
€ [D] 9,90

Isabella Monti

Ein himmlischer Dialog

Eine neugierige Seele spricht mit Gott über unsere Welt

Eine kleine Seele trifft Gott bei einem Spaziergang im Himmel. Zwischen den beiden beginnt ein »himmlischer« Dialog – über Liebe und Angst, Schuld und Unschuld, über Freude und Leid, Krankheit und Tod, über Erziehung und Beziehungen, Sucht und Eifersucht, über Religion und den Sinn unseres Erdendaseins. Und Gott antwortet geduldig auf alle Fragen, einfach und klar.
»Ein himmlischer Dialog« ist für Jung und Alt, für Männer und Frauen, für (Noch-)Pessimisten, Optimisten und Realisten, für Gläubige und Ungläubige – und ganz besonders für Sie bestimmt. Die Geschichte der kleinen Seele ist ein wertvoller Wegweiser, der Mut machen und neue Perspektiven eröffnen kann.

248 Seiten, broschiert
ISBN 978-3-931652-85-2
€ [D] 11,90

Theo Fischer

Das Tao der Selbstfindung

Dieses Buch vom Autor des Bestsellers »Wu wei – Die Lebenskunst des Tao« ist eine Lektion in Sachen Hinwendung zur Wirklichkeit. Wer den Mut aufbringt, sich dem objektiven Zustand seines Lebens ehrlich und rückhaltlos zu stellen, wird erleben, dass er damit den Kraftschluss herstellt, der jene Energien freisetzt, mit denen er seine Probleme lösen kann.

248 Seiten, gebunden
ISBN 978-3-89845-318-9
€ [D] 19,90

Gerald Jampolsky & Diane Cirincione

Was uns das Leben lehrt

Inspirierende Lebensgeschichten, die unser Innerstes berühren

Nur wenige beherrschen die Kunst, spirituelle Weisheiten so zu vermitteln wie die Bestsellerautoren Gerald Jampolsky und Diane Cirincione. In diesem Buch benutzen sie die hawaiianische Tradition des »Geschichtenerzählens«.
Egal, um welches Thema es geht – Angst, familiäre Wurzeln, das Heilen des Körpers oder unsere Ansichten zu Leben und Tod –, durch alle Geschichten zieht sich ein einfühlsames Mantra spiritueller Schlüsselkonzepte.
In diesen berührenden Geschichten teilen die Autoren ihre spirituellen Erfahrungen mit uns und regen dazu an, dem eigenen Weg zu folgen.

192 Seiten, 2-farbig, Klappenbr.
ISBN 978-3-89845-335-6
€ [D] 14,90

Chris Prentiss

Das 9x9 der Lebensweisheiten

Kostbare Geheimnisse für ein glückliches Leben

Wie wir all die guten Dinge bekommen, die wir schätzen.
Chris Prentiss hat fast 40 Jahre lang überall auf der Welt nach den Geheimnissen geforscht, die Menschen wahren Erfolg, Wohlstand und anhaltendes Glück bescheren. Dabei hat er einen Weg entdeckt, der zu den wunderbaren Gaben geführt hat, nach denen wir uns alle sehnen: wahre Freundschaft, Frieden, Glück, liebevolle Beziehungen zu Menschen, insbesondere zu unseren Kindern, sowie ein einträglicher Beruf. Die 81 Geheimnisse in diesem Buch werden auch Sie frei machen, beschützen und Ihnen Glück bringen, damit Sie sich auf den Flügeln von sechs Drachen in die Höhen des Erfolges emporschwingen können ...

136 Seiten, broschiert
ISBN 978-3-89845-382-0
€ [D] 6,95

Elizabeth Clare Prophet

Dankbarkeit

Gärten des Herzens

Dankbarkeit gleicht dem Tor zu einem herrlichen Garten.
Sie bereitet uns den Weg, um das Wirken
des Ewigen in all seiner Schönheit fühlen zu können.

Ein kleines Buch, das unsere Seele zum Schwingen bringt: Frisch und rein wie Tautropfen werden Aphorismen, Gedanken, Inspirationen wie an einer Perlenkette aneinandergereiht. Sie tun der Seele wohl und geleiten uns behutsam in den Garten unseres eigenen Herzens.